노동과 ESG

노사가 함께하는 ESG

김영기·정흥준·오학수·김현식·이호동

서울경제경영

추천의 글

기업의 사회적 책임을 실천적으로 강조하는 ESG는 기업의 영향력이 커질수록 더 많은 관심을 받고 있다. 기후위기, 고령화, AI 기술혁명 등 달라진 환경에서 ESG 경영이 '더 나은 사회로 발전을 위한 인류의 노력'이란 저자들의 주장에 고개가 끄덕여진다.

이 책 『노동과 ESG』에 특별히 주목하는 이유는 기업만이 아니라 노동의 시각에서 ESG를 재해석하고 기업과 함께 노동조합이 사회적 책임을 분담하는 방법을 찾으려고 노력했기 때문이다. 전통적으로 노동조합은 교섭을 통해 기업의 이익을 재분배하는 기능을 가지고 있지만 비정규직 등 취약한 노동자를 위해 더 많은 역할을 요구받고 있어 노사가 함께하는 ESG는 우리 사회 위기를 극복하는 새로운 계기가 될 수 있다.

함께 하면 어려움이 줄어들 수 있듯이, ESG경영도 기업만이 아니라 노사가 함께 추진할 때 더 많은 사회적 성과가 창출될 수 있다. 평소 노사관계와 ESG경영에 관심을 둔 독자라면 이 책을 일독하길 권한다.

김동원_고려대학교 총장

AI가 몰고온 디지털대전환과 산업전환의 이중전환이 온 세상의 화두가 되었다. 엄청난 변화에 직면한 사회의 각 주체들은 대응을 서두르는 가운데 기후위기, 빈부격차 등 위태로워진 사회적 위기에 대한 자성으로 ESG가 등장했다. ESG는 노동과 기업에 부담으로도 작용하지만 혁신적 전환에 함께할 수 있는 새로운 방향도 제시한다.

『노동과 ESG』는 사회의 각 주체들에게 사회적 책임(Social Responcibility)을 강조한다. 특히 기업의 사회적 책임과 함께 노동조합의 사회적 책임 활동의 중요성을 강조한다. 이러한 사회적 책임활동 실천이 노동조합의 사회적 정당성을 강화할 것이며, 산업전환의 시기에 정의로운 전환(Just Transition)을 위한 사회적 해법을 가능하게 할 것이다.

이 땅의 모든 노동자들이 배제와 차별없이 노동권을 향유할 수 있도록 ESG실천이 이루어지길 희망하며 이 책은 우리 사회의 다양한 구성원들에게 캄캄한 어둠을 뚫고 험한 길을 걸어갈 때 꼭 필요한 시대의 등불 같은 역할을 할 수 있을 것이다. 노동이 존중받는 세상을 향해 노동의 윤리와 권리가 수레의 양바퀴처럼 굴러가고, 노사가 사회적 책임을 다하며 전략적 동반관계로 발전하는 데 이 책이 중요한 지침서로 자리매김하기를 기대한다.

조준호_ESG코리아 이사장

기후 위기, 디지털 전환, 그리고 AI 기술의 융합은 현재의 경영 환경과 노동의 미래를 근본적으로 변화시키고 있습니다. 이러한 변화의 흐름 속에서 ESG(Environmental, Social, Governance)는 지속 가능한 발전과 더 나은 사회를 구현하는 중요한 실천적 해답으로 자리잡고 있습니다.

『노동과 ESG』는 기업과 노동조합이 협력하여 ESG를 전략적으로 활용하고, UN의 지속가능개발목표(SDGs)를 실현하며 더 나은 세상을 만들어가는 구체적인 비전을 제시합니다. 특히, AI 기술이 ESG 실천을 위한 강력한 도구로서 어떻게 작용할 수 있는지를 강조하며, 기술 혁신이 노동자들을 배제하지 않고 모두를 포용하는 방식으로 활용되어야 한다는 중요한 메시지를 전달합니다.

이제 노동조합은 단순히 권익을 보호하는 역할을 넘어, ESG 실천의 핵심 파트너로서 기업과 함께 지속 가능한 경영을 실현하고, 기술 혁신과 사회적 가치를 통합하여 SDGs 달성에 기여해야 합니다.

이 책이 기업과 노동조합은 물론 ESG에 관심을 가진 모든 독자들에게 협력의 중요성과 실천적 통찰을 제공하길 기대합니다. 또한, '노사가 함께 하는 ESG'라는 주제 아래, 더 나은 사회로 나아가는 길목에서 이 책이 중요한 지침서가 되기를 바랍니다.

조동성_서울대학교 명예교수 / 산업정책연구원 이사장

목 차

서문

이 책은 노사가 함께하는 ESG는 어떻게 가능한가에 관한 내용으로 노동계, 경영계, 학계에서 각각 30년 이상의 경험을 쌓아 온 저자들이 오랜 고민과 연구 끝에 탄생시킨 결과물이다. 현장의 목소리를 듣고, 통찰을 통해 지식을 축적해 온 저자들은 지금 우리가 직면한 가장 중요한 질문에 답하고자 한다.

"노사가 함께 지속 가능한 미래를 어떻게 만들어갈 수 있을 것인가?"에 대한 질문을 중심으로 노동과 ESG의 관계를 재조명하며, '노사가 함께하는 ESG'라는 비전을 제시한다. 노동의 역할과 ESG의 실천을 통합적으로 탐구하면서, 더 나은 공동체와 더 나은 미래를 위한 해법을 모색하는 것이 이 책의 궁극적인 목표다.

관계 속에서 존재하는 노동과 ESG

논의를 시작하며, 먼저 『잡아함경(雜阿含經)』에 나오는 석가모니의 가르침을 되새겨 보자.

차유고피유(此有故彼有): 이것이 있어서 저것이 있고,

차생고피생(此生故彼生): 이것이 생겨나서 저것 또한 생겨난다.

차무고피무(此無故彼無): 이것이 없어서 저것이 없고,

차멸고피멸(此滅故彼滅): 이것이 사라지니 저것 또한 사라진다.

이 내용은 연기법(緣起法)을 통해 세상의 모든 존재와 현상이 서로 연결되어 있으며 상호 의존적이라는 심오한 진리를 일깨운다. 이 진리는 단순한 철학적 관념에 그치지 않는다. 그것은 현대 사회, 특히 노동과 ESG의 관계를 이해하는 데 필수적인 통찰력을 제공한다. 나와 타자(他者), 개인과 공동체, 기업과 노동자, 환경과 사회는 끊임없이 상호작용하며 서로에게 영향을 미치기 때문이다. 기업이 노동 없이는 존재할 수 없는 것처럼, 노동 역시 기업의 존속과 발전 없이는 가치를 실현할 수 없다. 환경이 파괴되면 경제는 지속될 수 없으며, 사회가 불평등하면 공동체는 더 이상 건강할 수 없다.

우리는 이러한 상호 의존성을 기반으로 노동과 ESG의 결합이 지닌 본질적 의미를 성찰해야 한다. ESG의 실천은 곧 기업과 노동조합, 사회와 환경, 공동체와 개인이 서로의 관계 속에서 조화를 이루며 지속 가능한 미래를 만들어가는 여정이기 때문이다.

새로운 패러다임의 출발

오늘날의 자본주의 경제, 기업 활동, 그리고 노동의 가치는 상호 의존적 관계 속에서 이해될 때 비로소 진정한 의미를 갖는다. ESG는 단순한 경영 전략이 아니라 자본주의의 지속 가능한 발전을 위한 시대적 요청이자, 현대 사회가 해결해야 할 실천적 과제이다. 특히 ESG의 'S(Social)', 즉 사회적 책임은 노동과 공동체의 건강한 관계를 기반으로 한다. 노동자가 존중받고 권리가 보호될 때 기업은 지속 가능한 성장을 이루며, 이는 다시 사회 전체의 안정과 발전으로 이어진다.

노동과 ESG는 독립된 개념이 아니라 서로를 필요로 하는 상호 보완적 관계이다. 기업은 ESG 목표 달성을 위해 노동의 협력이 필요하며, 노동은 ESG의 틀 속에서 가치와 권리가 더욱 강화될 수 있다. 이런 상호 의존적 관계를 바탕으로 ESG는 단순한 경영 전략에서 벗어나 노동과 기업이 함께 더 나은 미래를 만들어가는 포괄적이고 실천적인 시스템으로 자리 잡는다.

이 책은 노동과 ESG의 결합이 우리 사회에 어떤 변화를 가져올 수 있는지를 탐구하고, 이를 통해 노사가 함께 협력하며 지속 가능한 미래를 창출할 수 있는 구체적인 비전과 전략을 제시하고자 한다.

자본주의와 사회적 정당성

자본주의는 역사 속에서 번영과 위기를 반복하며 진화해 왔다. 그러나 자본주의의 지속가능성을 위해서는 단순히 경제적 성장만을 추구하는 게 아니라, 기업의 사회적 정당성을 확보하는 게 중요하다. '기업의 사회적 정당성'이란 기업이 이익을 창출하는 과정에서 환경을 보호하고, 노동의 가치를 존중하며, 공동체에 기여하는 역할을 수행함으로써 사회로부터 신뢰와 지지를 얻는 것을 의미한다. 하지만 현대의 노동시장은 심각한 이중구조를 드러내며 불평등과 양극화를 심화시켜 왔다. 비정규직과 플랫폼 노동의 확산, 고용의 불안정성 증가는 노동자들에게 경제적·사회적 불안을 가중시키고 있다.

노동조합의 중요한 역할 중 하나인 부의 재분배 기능이 약화되면서 우리 사회의 시스템은 위기를 맞이하게 되었다. 이제 노동조합은 더 이상 전통적인 임금협상과 같은 소극적 역할에 머물러서는 안 된다. 노동조합은 기업의 사회적 책임(CSR)과 ESG 목표를 실현하는 핵심 파트너로서, 노동자의 권익을 보호하면서 동시에 더 큰 사회적 가치를 창출하는 데 기여해야 한다. 노동조합이 기업의 ESG 전략에 적극적으로 참여한다면 노동 환경의 개선과 노동자의 삶의 질 향상이 가능해질 수 있다.

변화하는 시대와 ESG

4차 산업혁명과 디지털 전환, 기후 위기와 같은 거대한 변화의 물결 앞에서 기업과 노동조합은 전환기적 도전을 맞이하고 있다. 기술 혁신은 생산 방식과 노동 환경을 근본적으로 변화시키고 있으며, 탄소 배출 감축과 같은 환경적 요구는 산업 구조의 대대적인 전환을 불가피하게 만들고 있다. 이러한 변화의 중심에 ESG가 자리 잡고 있으며, ESG는 기업과 노동조합이 어떻게 새로운 역할을 수행해야 하는지를 다시금 질문하고 있다. 이는 단순한 변화를 넘어 관계를 재정의하고 회복하는 과정이기도 하다.

산업 전환은 선택이 아닌 시대적 필연이다. 기후 위기에 대응하기 위해 국가와 기업은 탄소 중립(Net Zero)을 목표로 에너지 시스템의 혁신과 산업 구조의 친환경 전환을 추진하고 있다. 그러나 이러한 변화는 단순히 기술적, 경제적 과제에 국한하지 않는다. 산업 전환의 과정에서 노동자와 지역사회가 소외되거나 희생되어서는 안 되며, 이를 위해 정의로운 전환(Just Transition)이 필수적으로 요구된다.

'정의로운 전환'이란 환경과 경제의 지속가능성을 달성하기 위해 추진되는 산업 전환 과정에서 노동자와 지역사회가 공정하게 보호되고 새로운 기회를 제공받는 것을 의미한다. 탄소 집약적 산업의 축소나 폐기는 필연적으로 노동시장과 지역 경제에 충격을 줄 수 있다. 이러한 충격을 최소화하고 모든 이들이 변화의 혜택을 나눌 수 있도록 적절한 정책적 지원과 노사 협력이 뒷받침되어야 한다.

이제 기업과 노동조합은 과거의 갈등과 대립의 관계를 넘어 상호 협력의 관계로 나아가야 한다. 기업은 더 이상 단기적 이윤만을 추구하는 존재가 아니라, 환경을 보호하고 사회적 책임을 실천하는 지속 가능한 경영을 실현해야 한다. 탄소 배출 감축과 같은 환경적 목표를 달성하기 위해 기업은 혁신적인 기술 도입과 친환경 경영 시스템 구축에 적극적으로 나서야 하며, 노동조합 역시 이러한 변화 속에서 새로운 역할을 모색해야 한다.

노동조합은 변화의 방관자가 아닌 정의로운 전환을 이끄는 주체로서 역할을 확장해야 한다. 노동자의 권익을 보호하는 동시에, 새로운 기술과 산업 환경에 적응할 수 있도록 교육과 재훈련을 지원하는 것이 중요하다. 또한 산업 전환 과정에서 발생할 수 있는 일자리 감소와 고용 불안을 해결하기 위해 기업과 정부, 노동조합이 함께 논의하고 협력해야 한다.

정의로운 전환은 단순히 노동자의 생존권을 보장하는 것

을 넘어 노동의 가치를 ESG 목표와 연결하는 실천이다. 기업과 노동조합이 함께 전환 과정의 주도권을 쥐고 노동자의 목소리를 반영하는 시스템을 구축할 때 ESG의 진정한 성공을 이룰 수 있다.

노사가 함께하는 ESG를 향하여

노동과 ESG는 독자적으로 존재하는 개념이 아니다. 그것은 기업과 노동, 사회와 환경이 상호 의존적 관계 속에서 발전해야 하는 필연적인 과제이다. 이제 더 나은 미래를 위해 노사가 어떻게 협력하고, ESG 실천을 통해 어떤 변화를 이끌어낼 수 있는지를 단계적으로 고민하고 해결할 필요가 있다. 이러한 논의를 위해 이 책은 다음과 같이 구성되어 있다.

1부에서는 '왜 노동과 ESG인가?'라는 질문을 출발점으로 삼아, 자본주의와 사회적 책임의 본질에 대해 탐구한다. 아울러 ESG가 시대적 전환점에서 어떤 개념으로 등장했으며, 어떻게 진보해 왔는지를 분석한다. 이 과정에서 노동이 ESG에서 핵심 축으로 자리 잡아야 하는 이유를 이론적으로 뒷받침한다.

2부에서는 패러다임의 변화를 통해 노동운동과 ESG의 관계를 조명한다. 특히 급변하는 산업 환경과 ESG의 요구 속에서 경영 패러다임이 어떻게 변해야 하고 노동운동은 어떤 역할을 해야 하는지를 고민하며, 한국 사회가 직면한 과제를 구체적으로 제시한다.

3부에서는 국내외 사례를 통해 노동과 ESG의 결합과 실천을 입체적으로 보여준다.

4부에서는 ESG 실천과 미래 과제를 중심으로, 노사가 함께 나아가야 할 구체적 실천 방안을 제시한다.

우리 모두의 미래를 위한 실천

이 책은 단순한 이론서가 아니다. 노동계, 경영계, 그리고 ESG에 관심을 가진 모든 이들에게 실질적인 해법과 실천의 길을 제시하는 현장의 지침서이자 미래를 위한 비전서이다.

노동과 ESG 추구는 서로 간에 큰 영향을 주고받는 상호 의존적 관계를 갖는다. 노동조합은 기업이 ESG 목표를 실현하는 핵심 파트너로 자리매김해야 하며, 기업은 노동조합과 함께 정의로운 전환과 사회적 책임을 실천해야 한다. 그럴 때 비로소 우리는 지속 가능한 공동체를 만들 수 있다.

이 책이 ESG 실천과 노동의 가치를 고민하는 모두 독자들에게 새로운 길을 열어주기를 기대한다. 노사가 함께 협력하고,

새로운 관계를 형성할 때 우리는 더 나은 세상, 더 지속 가능한 미래를 향해 나아갈 수 있을 것이다.

"「노사가 함께하는 ESG」라는 비전이 이론을 넘어 현실에서 실천되기를 바라며, 이 책이 그 첫걸음이 되기를 소망한다."

대표 저자 김영기 원장

1 PART

ESG의 등장과 진화

이호동·정흥준·김현식

1장.

노동과 ESG

노동과 ESG

인류는 역사가 시작된 이래 더 나은 공동체를 만들기 위해 끊임없이 노력해 왔다. 고대, 중세, 근대, 현대 등 시대를 넘어 더 나은 세상을 향한 인간의 노력은 어렵지 않게 찾아볼 수 있다. 더 나은 공동체를 향한 인간의 바람은 선언으로만 실현되는 것이 아니기에 어떻게 완성할 것인가에 대한 구체적 과제를 제기한다. 최근 주목받고 있는 ESG(Environmental, Social, Governance)경영이 대표적이다. ESG경영은 지속가능성 확보를 위한 기업전략이지만 동시에 사회의 유지 발전을 위한 지침이기도 하다.

ESG는 전세계적 실천 과제이기도 하다. UN 193개국은 2015년 제70차 총회에서 지속가능발전목표(Sustainable Development Goals, SDGs)를 만장일치로 채택했다. "단 한 사람도 소외시키지 않는다."라는 슬로건 아래 사람, 번영, 지구, 평화, 파트너십이라는 5개 범주 17개 목표, 169개 세부 목표를 제시하고 2030년까지 이행해야 하는 공동의 과제를 수립한 것인데, 지속가능성을 위한 인류의 전략적 목표를 집약했다고 볼 수 있다.

ESG는 환경(Environmental) 보호와 더불어 사회적(Social) 과제인 노동의 권리를 강조한다. 노동권은 기업의 사회적 성과를 성공적으로 구현하기 위한 필수 분야이기 때문이다. 그러나 ESG에서 노동이 어떤 역할을 할 수 있을지는 아직 충분히 다뤄지지 않고 있다. 따라서 노동이 왜 ESG의 중요한 요소이며 노동조합은 어떤 역할을 할 것인지를 들여다보는 것이 ESG의 사회적 책임을 이해하는 데 필요하다.

현대 인류 사회를 이끌어가는 자본주의는 출발 이후 여러 가지 문제점도 발생했지만 수정을 거듭하면서 유지·발전되고 있다. 자본주의 체제에서 태어나고 발전해 온 기업과 노동조합은 역사를 더해감에 따라 주주와 노동자 등 이해관계자를 대변해야 할 책임이 많아졌다.

역사적으로 기업의 사회적 책임에 대한 논의는 주로 환경과 관련한 문제에 초점이 맞춰져 왔다. 그러나 기업의 사회적 책임이 확장됨에 따라 노동자의 권리 보호와 노동 환경의 개선과 같은 노동 이슈가 더욱 부각되고 있다. 노동자들의 권리가 보장되고 노동 환경이 개선될 때 노동자의 삶의 질 개선만이 아니라 기업의 생산성 향상과 혁신을 기대할 수 있으므로, 결과적으로 ESG 목표 달성에도 기여하게 된다.

기업과 노동조합은 역사적 상황에 따라 부침을 거듭했고 많은 도전을 받아 왔다. 자본주의 체제가 형성된 이래 명멸했던 수많은 기업과 노동조합의 생성 및 유지 발전은 내부 요인과 외부 요인이 모두 영향을 미쳤다. 내부 요인 중 핵심은 사람인데, 기업의 구성원인 노동자는 단순히 생산 요소가 아니라, 기업의 지속가능성과 혁신을 촉진하는 중요한 주체이기 때문이다.

기업의 흥망과 관련된 외부 요인은 기업에 영향을 미칠 수 있는 소비자, 시민사회단체, 그리고 정부를 꼽을 수 있다. 소비자는 구매의 직접 당사자이며 시민사회단체는 기업의 평판에 영향을 준다. 정부는 기업 활동을 규제하거나 지원하는 역할을 하기에 중요한 이해당사자이다. 기업을 둘러싼 외부 이해관계자들은 사회적 압력을 통해 기업에 사회적 책임을 요구하고, 기업이 생존하기 위해서는 사회적 요구를 거부하기 어렵다. 더 나은 사회를 위한 공동체의 힘이 기업에 사회적 책임을 요구하는 것인데, 이를 따르지 않으면 사회적 정당성을 갖기 어려워 궁극적으로 조직의 생존이 어려울 수 있기 때문이다.

기업이 우리 사회에 필요한 재화와 서비스를 생산하는 것으로 사회 유지에 기여한다면, 노동조합은 일하는 사람들의 노동조건 향상을 위해 노력함으로써 공동체에 기여한다. 노동조합의 전통적인 역할이 기업의 이익을 재분배하는 것이기 때문이다. 노동조합은 이를 위해 단체교섭과 단체행동이라는 제도를 활용한다. 따라서 노동조합과 기업은 각기 다른 역할로 사회를 유지하는 데 기여한다.

대전환과 ESG

인류는 석기, 청동기, 철기시대를 거치며 혁명적 변화를 거듭해 왔다. 인류의 생산과 이동에 혁명적인 변화를 가져온 1차 산업혁명은 수작업에 의존하던 생산방식을 기계와 동력으로 바꾸어 혁명적인 수준의 생산성을 높였다. 전기가 발명되어 과학문명이 한 단계 더 발전하게 된 건 2차 산업혁명 덕분인데, 이 역시 인간의 삶과 생산체제에 어마어마한 변화를 가져왔다. 나아가 컴퓨터와 통신의 대대적인 발전을 경험한 3차 산업혁명을 넘어 최근 인공지능(AI)으로 대변되는 4차 산업혁명은 인간의 노동에 대한 근본적인 변화를 일으킬 것으로 보인다. AI

의 등장에 따른 미래 예측과 관련하여 MIT 인공지능연구소의 책임자인 에드워드 프레드킨(Edward Fredkin)은 인공지능은 매우 다른 생명의 형태이며, 우리가 상상하기조차 힘든 지능적 성취를 거둘 가능성이 있다고 진단했다. 피터 드러커(Peter Ferdinand Drucker)는 산업혁명과 같은 변화에 대해 1969년에 저술한 『단절의 시대』에서 지식기술, 세계 경제, 조직사회, 지식사회 분야에 단절이 나타나서 과거의 경험을 무용지물로 만들고 있다고 설명한 바 있다.

4차 산업 혁명기를 맞아 자본과 노동은 위기와 기회의 문 앞에 함께 서 있다. 각각 당면한 위기를 기회로 전환하고 희망을 만들어내기 위한 다양한 시도들이 전개되고 있다. 위기 상황을 극복해야 하는 자본과 노동을 향해 환경, 사회, 거버넌스를 의미하는 ESG가 새로운 시대를 지향하는 공통 규범으로 등장했음은 새삼스러운 이야기가 아니다.

대전환은 기업에 새로운 과제를 부여하고 있다. 현대에 이르러 이윤 획득을 유일한 목적으로 하던 기업에 사회적 책임 요구(CSR)가 새롭게 등장하게 된 것이다. 기업의 지속가능성을 높이기 위해 요구되는 CSR 실천은 기업에게 새로운 부담이었지만 이를 통해 기업 가치 제고와 홍보, 기업 확장 및 수익 창출의 선순환 구조를 만들기도 했다. 조동성·문휘창은 『AI시대의 경영전략』에서 "20세기 기업의 목표가 부귀영화였다면, 21세기 기업의 목표는 무병장수이다."라며 지속 가능 전략의 중요성을 강조한 바 있다.

대전환은 노동운동에도 대응의 변화를 요구하고 있으나 한국 노동조합 운동은 임금협상 등 전통적인 운동 수준을 크게 넘어서지 못하고 있는 실정이다. 산업혁명 시기마다 노동자들은 노동 생산성의 급격한 상승과 변화로 인해 일자리가 없어지지 않을까 하는 공포가 컸는데 산업혁명 초기 사람들이 겪었던 놀라움과 두려움은 노동조합 결성으로 이어졌고, 노동조합이 조직된 곳에서는 노사협상을 통해 노동기본권과 일자리를 보호해 왔다. 다만 이러한 전통적인 활동은 디지털 전환과 산업 전환이라는 이중 전환의 시기에 무력할 때가 많다. 노동조합으로 조직되지 못하는 노동자들이 많고 고용관계를 갖지 않고 노동력을 제공하는 플랫폼, 프리랜서 노동자도 늘어나고 있기 때문이다.

노동조합이 대전환의 시대에 필요한 역할을 수행하지 못하고 관성의 벽에 갇혀 기존 조합원만을 대변하는 등 소극적으로 대응한다면 디지털 전환, 기후변화와 산업 전환으로 인한 폐해는 오롯이 노동의 몫으로 다가올 가능성이 크기에 노동조합의 사회적 역할을 고민해야 한다.

노동조합의 사회적 책임(USR)과 관련하여 이병훈은 "시민사회운동의 활력과 노조운동의 침체를 고려할 때 오히려 CSR 사업을 공동으로 전개하는 연대활동 체계를 적극적으로 추진하는 것이 필요하다."라고 주장한다. 아울러 "CSR활동의 기획에 있어(유럽 노조단체의 현황에서 지적되었듯이) 지나치게 기업 내부자(조합원)의 이익 증진에 주력하는 방향으로 모색될 경우에는 노조운동의 또 다른 조직 이기주의로 비추어질 수 있으므로 기업 외부의 (지역)사회공동체와 환경문제에 대해서도 못지않은 관심과 주의를 기울여 노조운동의 공공(익)성을 복원하는 데에 기여하여야 할 것"이라고 주장하였다(이병훈, 2007).

노사관계 패러다임의 변화와 ESG

ESG는 기업과 노동조합에 더 많은 사회적 역할을 요구한다. 특히 ESG의 노동 이슈는 사회적 영역의 가장 중요한 책임으로 강조되고 있다. 현재 대표적인 ESG 공시 기준의 하나인 GRI(Global Reporting Initiative)도 노동 이슈를 S영역의 가장 중요한 기준으로 분류한다. 노동이 중요한 이유는 사회를 유지하는 재화와 서비스를 생산하는 동시에 노동을 통한 보상이 가족을 유지할 수 있는 근간이 되기 때문이다. 따라서 노동에 대한 적정한 처우와 객관적인 보상은 지속적으로 해결해야 하는 과제였다.

기업의 ESG 실천은 선택이 아니라 필수가 되었다. 치열한 국제 경쟁의 기업환경에서 정상적인 유지 존속을 위해 ESG는 피할 수 없는 과제이다. 기업만이 아니라 노동조합들도 ESG의 참여는 현안이 되었다. 기업의 ESG 활동은 해당 기업의 노동자들에게 의미 있는 영향을 미치기 때문에 노동조합이 ESG경영을 강 건너 불 보듯 할 수 없기 때문이다.

패러다임의 변화는 노동조합에 사회적이고 윤리적인 활동을 요구한다. 시민들은 노동조합이 기업으로부터 수혜를 입는 소극적인 의미의 대상이 아니라 스스로 사회를 바람직한 방향으로 이끌 책임을 가지고 있다고 생각한다. 시민들은 비정규직의 고용 안정이나 저임금 노동자의 최저임금 인상 등에 있어 노동조합의 적극적인 역할을 기대하기도 한다.

시대적 상황 변화에 따라 한국노총과 민주노총 등 총연맹 차원에서도 노동조합의 사회적 책임을 무겁게 받아들이는 중이다. 예를 들어 친환경 정책을 단체교섭 협상의 요구 지침으로 발표하는 등 대응에 나서기도 한다. 다만 산하 상급단체와 단위 노조에 이르기까지 ESG에 대한 논의나 사회적 책임 활동이 본격적으로 이루어지고 있지는 않다.

유럽을 비롯한 선진국들은 ESG경영을 위한 본격적인 준비와 실천에 돌입한 상태이다. 특히 EU는 기업에게 공급사의 인권 및 환경경영에 대한 관리책임을 공동으로 부여하는 등 EU 주도의 지속가능성 실사와 공시 의무화 조치를 확정하였다. ESG경영이 국제 경쟁력 유지 강화를 위해 시급한 화두로 부상하는 상황이다. 그러나 국내에서는 ESG경영이 외양 갖추기에 급급하거나 워싱(Washing)[1]의 악용 사례까지 일부 기업에서 행해지고 있어 우려되고 있기도 하다. 유럽에서 환경 영역의 목표와 녹색산업 투자를 위한 분류체계인 'Green Taxonomy(그린 택소노미)'와 사회적으로 지속 가능한 경제활동을 분류한 'Social Taxonomy(사회 택소노미)' 등은 Washing을 예방하는 차원에서도 국내 기업에게 시사하는 바가 크다.

더 나은 미래를 위한 노사의 책임

인류는 환경을 일부분 훼손하면서 산업화를 진행했지만 온실가

1 기업의 제품이나 경영활동을 '친환경' 등으로 포장해 소비자와 투자자를 속이는 행위.

스와 기후변화, 생물다양성의 위기에 직면했다. 경제는 성장하고 있지만 빈부격차가 확대되어 부익부 빈익빈 현상은 심화되고, 식량 위기는 나아질 기미를 보이지 않는다. 코로나 팬데믹 등 감염병의 위협은 사라지지 않고, 전쟁은 세계 곳곳에서 계속되고 있다. 인플레이션과 경기 침체, AI가 몰고 온 노동 없는 미래에 대한 공포가 인류 공동체의 지속가능성에 도전하고 있다.

공동체의 취약점과 위기 요인을 극복하기 위한 노사의 사회적 책임은 인류의 공존을 위한 바람직한 방안이다. 특히 위기 극복 방안으로 ESG경영이 주목받고 있는데, 이는 더 나은 세상을 향한 인류의 지향을 담고 있기 때문이다. 기업에게 ESG는 생존과 발전을 위한 필수 활동이며 노동조합의 사회적 책임도 기업 및 사회 전체의 지속가능성에 기여할 수 있다. 노사의 평화와 공존을 위한 실천방안 논의는 현대의 기업에게 시대변화를 선도하거나 조응할 것이냐, 아니면 도태될 것이냐를 선택적으로 요구하고 있다고 해도 과언이 아니다.

산업 전환과 디지털 전환의 이중 전환기에 등장한 ESG는 기업과 노동조합에 사회적 책임에 대한 담론적 수준을 넘어서서 구체적인 실천을 요구하고 공개적인 평가시스템을 적용한다. 아울러 정부도 ESG를 위한 규범을 제정하고 시행을 구체화하면서 ESG는 기업의 흥망성쇠를 좌우하게 되는 결정적 영향 요인이 되고 있다.

기업과 마찬가지로 노동조합 또한 사회를 유지하는 중요한 주체로서 사회적 책임을 요구받고 있다. 노사 양측이 ESG 실천을 요구받고 있는 상황에서 ESG 성과는 노사가 어떤 태도를 가지고 있는가에 따라 달라질 수밖에 없다. 특히 노사가 신뢰관계 속에서 공동 대응할 때 ESG의 성과는 확대될 수 있다. 기업은 시대가 요구하는 ESG 실천에 어떻게 전략적으로 부응할 것이냐를 고민하고 실천을 결정해야 하는 상황이다. 당연히 노동조합도 전략적 변화를 통해 화답할 상황에 직면해 있다.

사실 자본주의 체제에서 이윤을 넘어 혁신적 변화를 기대하는 건 과도한 기대일 수 있다. 다만 현실에서 당면한 인류 공동체의 위기를 극복하기 위한 최소한의 변화를 ESG로 담고 있다고 볼 수도 있다. 지속 가능한 사회를 위한 최소한의 변화를 향한 압박과 강제가 지금도 많이 늦었다고 볼 수 있지만 회의와 반발 속에서도 강력하게 제기되고 있으니 수용하고 적응할 수밖에 없다.

참고문헌

이병훈, (2007). 「기업의 사회적 책임(CSR)과 노동조합운동: 해외 노조단체들의 대응 전략을 중심으로」. 산업노동연구, 13(2), 307~336.

피터 드러커(Peter Ferdinand Drucker), (1969). 「단절의 시대」

2장.

자본주의와 사회적 책임

기업에 사회적 책임을 묻는 이유는 기업이 국가와 함께 자본주의를 지탱하는 중요한 행위자이기 때문이다. 그런데 자본주의 초기부터 기업에 사회적 책임을 물은 것은 아니었다. 기업이 사회적 책임을 져야 한다는 주장이 설득력을 얻기 시작한 건 1950년대 이후 자본주의가 고도화하기 시작한 시점부터였다. 이 무렵 지속 가능한 자본주의를 위해 기업의 사회적 책임이 요구되고 있었다.

봉건주의에서 자본주의로

자본주의는 봉건주의를 무너뜨리고 건설되었다. 왕이 통치하던 봉건주의의 가장 큰 특징은 신분사회란 점이다. 왕과 귀족은 스스로 노력하지 않아도 타고난 신분에 의해 평생 안락한 삶을 살 수 있었지만 그렇지 않은 다수는 평생 일해야 간신히 삶을 유지하는 정도였다.

자본주의는 봉건주의의 유산인 신분사회를 철폐하고 개인의 자유와 사적 재산권을 강조하는 사회를 제시했다. 자본주의는 자유민들에게 사유 재산을 보장하여 누구나 개인의 노력을 통해 부를 축적할 수 있도록 했고, 최대 다수가 행복한 사회를 바람직한 사회로 보았다. 이를 위해서는 시장경제가 중요한 역할을 한다고 주장했다. 시장경제는 누군가의 통제가 아닌 당사자의 자유 의지를 중시하며 그럴 경우 거래 당사자 모두에게 도움이 된다는 것을 강조한다.

자유주의는 사적 소유를 보장하지만 개인의 재산권을 무한정 보장한 것은 아니었다. 사적 재산권은 다른 사람의 재산권을 침해하지 않는 범위 내에서 보장받을 수 있음을 강조했다. 극단적인 예를 들자면, 총을 가졌다고 해서 함부로 다른 사람의 생명을 빼앗을 권리는 없다는 것이다. 자기 집 마당이라고 해서 쓰레기를 쌓아두어 동네 환경을 해쳐서는 안 되는 것도 같은 원리이다.

자유주의의 또 다른 중요한 원리는 공리주의이다. 공리주의는 영국의 사상가 제레미 벤담(Jeremy Bentham) 등이 제시하고 발전시킨 이론으로 인간에게 행복은 중요하고 의미 있는 것이기 때문에 가장 많은 사람들이 행복한 사회를 가장 바람직한 사회로 보았다. 문제는 어떻게 하면 많은 사람들이 행복할 수 있을까인데 공리주의는 시장을 통한 자율적인 조정이 최대 다수의 최대 행복을 보장할 수 있다고 보았다. 예를 들어 어부는 쌀이 필요하고 농부는 생선이 필요한 상황에서 어부와 농부가 각자 소유한 생선과 쌀을 시장에서 거래하면 어부와 농부가 함께 행복할 것이며, 이러한 개인 간 거래가 활발히 이루어지면 사회 전체의 행복이 커질 것이라는 논리이다. 아담 스미스(Adam Smith)가 국부론에서 "사회적 이익은 누군가가 자신의 이익을 추구하는 과정에서 더 효과적으로 증가한다."라고 말한 이유이다. 산업혁명 초기까지만 해도 시장은 많은 문제를 해결할 수 있는 것처럼 보였으며 기업에 사회적 책임을 묻는 일은 일어나지 않았다.

위기의 자본주의

초기 자본주의는 1800년대 중반 이후 급속한 위기를 드러냈다. 재산권을 보장하는 사적 소유는 다른 사람의 권리가 보호되는 범위 내에서 행사되어야 했지만 실상은 그렇지 못했다. 자유주의는 공정한 거래를 강조했지만 노동시장에서 자본가는 노동의 대가를 정당하게 지불하지 않았고 횡포 또한 많았다. 8살이 지난 아이들은 가족의 생계를 돕기 위해 공장과 탄광으로 일하러 가야 했으며, 성인은 하루 평균 15시간을 노동하는 등 노동 착취가 광범위하게 행해졌고, 노동자의 기본적인 권리는 보장받지 못했다.

초기 자본주의 자본가들은 자본을 이용하여 이윤을 창출하는 것은 사업가의 개인적인 권리라고 주장했지만 상품을 생산하는 데 필수적인 노동자의 노동력에 대해 제값을 지불하지 않아 노동 현장에서 노동과 자본 간 대립은 점점 격화되었다.

시장경제의 핵심인 공리주의도 문제점을 드러냈다. 시장이 효율적이려면 당사자 간 최적의 거래가 이루어질 수 있는 정보가 공개되어야 하지만 현실은 이와 달라, 정보의 독점에 따른 거래 당사자 간 교섭력의 차이가 빈번하게 나타났다. 그 결과 불공정 거래가 많아지고 독점자본이 형성되어 소수의 자본이 거대한 힘을 구축하기 시작했다.

노동자에 대한 권리를 보장하지 않고 희생이 커지면서 자본주의의 필연적인 약점인 시장실패가 빈번하게 일어났다. 시장실패는 시장에서의 거래가 완전하지 않아 누군가는 이득을 보지만 누군가는 희생이 불가피함을 의미한다. 지금은 정부가 시장실패를 최소화하기 위해 다양한 정책을 시행하지만 당시만 하더라도 정부가 지금과 같은 체계적인 역할을 할 수 없었기에 초기 자본주의의 노동시장은 무질서하고 약탈적이었다.

이 무렵 칼 마르크스(Karl Marx)는 「공산당선언」, 「자본론」 등을 통해 자본주의의 문제점을 분석했다. 마르크스에 따르면 자본주의는 필연적으로 붕괴될 수밖에 없으며, 그 원인은 자본주의가 노동자에 대한 지나친 착취 시스템을 가지고 있기 때문이라고 했다. 기업은 자본만이 아니라 노동력을 이용하여 부가가치를 만들지만 노동자에게 노동의 대가를 충분히 지불하지 않기 때문에 기업은 더 많은 이윤을 갖게 되고, 자본이 커질수록 노동자의 몫은 줄어들어 결국 노동자의 저항으로 자본주의가 무너지고 새로운 사회가 도래할 것이라는 설명이었다.

마르크스의 이론을 바탕으로 등장한 사회주의 사상가들은 시장경제의 대안으로 정부가 통제하는 계획경제를 제시했다. 이들은 이론 제시에만 그치지 않고 러시아 혁명을 통해 정부가 자본을 몰수하여 생산을 책임지되 필요한 만큼만 생산하여 분배하는 방식을 실험했고, 영향력을 유럽, 아시아, 남미, 아프리카로 넓혔다. 그러나 사회주의 계획경제 역시 계획한 이상대로 추진되지 않았다. 계획경제는 변화하는 환경에 적극적으로 대응하기 어려운 시스템이었으며, 정부의 관료주의와 부패가 사회주의에서도 만연했다.

또한 사회주의는 자본의 사적 소유를 금지함으로써 개인들에게 열심히 일할 동기를 부여하지 못하는 한계를 보였다. 그 결과 1900년대 초·중반까지 자본주의와 경쟁하던 사회주의 국가는 자본주의로 회귀하거나 중국과 베트남 등 일부 국가처럼 정치적으로 사회주의를 유지하지만 경제적으로는 자본주의 시장경제를 수용하는 혼합모델로 변화했다.

초기 자본주의 시대에 기업의 사회적 책임은 강하게 요구되지 않았다. 오히려 자본주의의 위기는 자본주의가 아닌 다른 사회시스템으로 극복할 수 있다고 믿었다. 그러나 사회주의도 자본주의의 대안이 되지는 못했고 그 후 자본주의는 스스로 변화하기 시작했다.

복지국가 모델과 노동기본권의 보장

19세기 초 위기를 경험한 자본주의는 스스로의 한계를 극복하기 위해 복지국가를 지향하고 노동자의 권리를 보장하는 수정자본주의로 방향을 전환했다. 이러한 변화는 부의 편중이 두드러지는 자본주의의 한계를 극복하기 위함으로, 부의 재분배가 궁극적인 목적이었다.

미국, 영국 등 자본주의 선도국가들은 불평등에 대한 국민들의 우려와 불만을 해소하지 않고는 자본주의를 유지하는 게 어렵다는 것을 깨닫게 된다. 그래서 선택한 게 정부의 역할을 확대하는 복지국가 모델이었다. 이 모델은 영국의 경제학자 존 케인스(John M. Keynes)의 주장을 받아들여 정부가 세금과 공적 부조를 통해 사회적으로 부의 재분배를 이루는 방식이다. 기업에게 법인세, 부자들에게 재산세 등을 걷어 이를 복지 인프라와 취약계층을 위한 공적 부조에 활용했다. 이때부터 북유럽이나 독일 등 유럽의 국가들은 더 많은 세금으로 더 많은 복지정책을 추진하는 게 정부의 중요한 역할 중 하나라고 인식했다.

이처럼 수정자본주의는 자본주의 시장경제에서 발생하는 시장실패를 보완하기 위해 정부의 역할을 강화했다. 사실 시장실패는 기업에 의해 발생하는 경우가 많았지만 기업의 자발적인 노력은 부족했고, 오히려 정부가 시장실패를 보완했다. 예를 들어 공장을 이전하게 되면 누군가는 직장을 잃을 수 있으며, 공장의 오폐수로 인해 환경이 오염되면 지역주민의 피해가 뒤따르는데, 이와 같은 노동자와 지역주민의 피해를 기업이 아닌 정부가 개입하여 해결하는 것이었다.

사회 전체적인 수준에서 정부가 세금과 공적 부조를 통해 부를 재분배했다면, 기업 수준에서는 단체교섭을 통해 이익을 재분배할 수 있는 구조가 시도되었다. 예를 들어 미국에서는 1935년 와그너법(Wagner Act, 전국 노동관계법)을 통해 노동조합을 합법화하고 노동자들에게 단결권, 단체교섭권, 단체행동권 등 노동3권을 부여하였다. 우리나라도 1953년 노동법 제정을 통해 노동3권을 법으로 명시했다. 단결권은 노동조합을 자유롭게 결성할 권리이며, 단체교섭권은 노동조합이 사용자와 임금 및 노동조건에 대해 교섭할 권리이다. 마지막으로 노사 간 교섭이 원활하지 않을 때 노동조합은 파업 등 단체행동의 권리를 가진다.

노동조합에 대한 권리를 법으로 명시함으로써 그동안 사용자가 일방적으로 정하던 임금 및 노동조건 등에 제동이 걸렸다. 기업은 노동조합이 교섭을 요구하면 응해야 했고, 기업 이윤 중 일부가 노동자의 몫으로 돌아갔다. 노동3권의 보장은 노사 간 교섭을 통해 수익을 재분배하도록 한 것으로, 기업에 요구한 최초의 사회적 책임이라고 할 수 있다.

자본주의는 초기 자본주의 문제점을 복지국가 모델과 노동조합을 통한 부의 재분배로 극복하고자 했고, 이러한 시도는 1930년대에 시작되어 1980년대까지 지속되었다. 이 시기 부의 재분배는 크게 개선되었으며 불평등도 상당 부분 축소될 수 있었다. 노동자의 삶의 질이 개선되면서 노동조합의 영향력도 함께 커졌다.

그러나 1980년대부터 시작된 세계화는 자본주의의 새로운 도전이 되었다. 무역장벽이 사라지고 시장의 개념이 전 지구적으로 확장되면서 기업 간 경쟁은 어느 때보다 격화되었다. 기술 발달로 인해 자동화가 확대되었고, 제조업이 줄어들고 서비스업이 폭증하는 산업변화도 이어졌다. 이에 따라 1980년대 이전까지 강조해 왔던 임금노동자와 기업 간 부의 재분배 문제만이 아니라 비정규직 등 고용조정이 크게 부각되었고, 최근에는 특수 형태 근로 종사자(dependent contract workers)와 플랫폼 노동 종사자 등 노동법의 보호를 받지 못하는 노동자들도 크게 증가했다. 이러한 변화는 정부만의 노력으로는 해결하기 어려운 과제로, 기업의 사회적 책임이 요구되는 이유였다.

이해관계자 이론으로 본 기업의 사회적 책임

부의 재분배를 중요하게 다루었던 수정자본주의 모델이 시장의 문제점을 효과적으로 해결하던 1970년대 중반, 기업에도 적극적으로 사회적 책임을 요구해야 한다는 논쟁이 일어났다. 첫 번째 자본주의 위기는 노동조합과 복지국가 모델로 극복할 수 있었지만 변화한 자본주의의 새로운 도전은 기존의 해법만으로는 극복하기 어렵다는 주장이었다. 이들은 이해관계자 이론(Stakeholder Theory)을 배경으로 기업은 주주만의 이익이 아닌 기업 활동과 관련한 다양한 집단의 이익을 고루 보장할 때 자본주의가 지속 가능할 수 있다고 주장했다. 프리만(Edward R. Freeman) 등 이해관계자 이론 옹호자들은 기업이 다양한 이해관계자의 이해를 균형적으로 도모할 때 기업이 장기적으로 지속 가능할 수 있다고 믿었다.(Freeman, 2010)

이해관계자 이론은 기업 이익의 극대화 과정에서 발생하는 다양한 문제들을 극복할 수 있다는 점에서 인간적인 자본주의를 지향한다고 할 수 있지만 기업의 입장에서는 추가적인 비용 지출을 의미하는 것이기도 했다. 이러한 까닭에 고전경제학자인 밀턴 프리드먼(Milton Friedman)은 기업의 사회적 책임은 오직 주주의 이해를 충실히 대변하는 것이며, 이런 의미에서 기업의 사회적 책임은 주주 중심의 경제적 책임과 다를 바 없다고 주장했다.(Friedman, 1971)

기업의 사회적 책임을 둘러싼 논쟁은 기업의 경제적 책임 및 법적 책임만이 아니라 기업의 재량적 책임도 필요한 것으로 수렴되었다. 기업의 사회적 책임을 깊이 연구한 캐롤(Archie B. Carroll) 교수는 기업의 사회적 책임은 다양한 수준이 있는데,

가장 기본이 되는 책임은 고용과 주주에 대한 경제적 책임이며, 그 위에 법을 준수하는 법적 책임이 있다고 했다. 또한 가장 상위의 책임으로 기업의 윤리적 책임과 재량적 책임 등 피라미드형 사회적 책임을 내세웠다.(Carroll, 1979)

이 시기 이해관계자 이론을 중심으로 한 기업의 사회적 책임이 광범위하게 받아들여진 이유는 기업 자체의 자각만이 아니라 시민사회단체(NGOs)의 활동과 일반 대중의 사회적 압력이 큰 역할을 했다. 기업 간 경쟁이 격화하면서 소비자 선택의 비중이 높아졌고, 이에 따라 기업의 이미지가 점점 더 중요해졌으며, 비정부사회단체와 소비자의 기업에 대한 평판이 기업의 생존에 영향을 미치고 있었다.

기업 역시 규모가 커질수록 사회적 책임을 선택이 아닌 해야만 하는 의무 사항으로 받아들였다. 다만 모든 기업이 사회적 책임을 동등한 비중으로 받아들인 건 아니며 기업문화, 설립자의 철학, 경영진의 경영 전략 등에 의해 다양한 수준 차이를 보였다. 기업의 사회적 책임을 기업 홍보를 위한 전략으로 가볍게 여기는 경우가 있는가 하면, 또 다른 기업은 노동자, 협력사, 소비자 등의 이해를 기업 활동의 중요한 고려 요소로 생각하여 실천하는 기업들도 존재했다.

기업의 사회적 책임 진화

기업의 사회적 책임은 초기의 윤리적인 관점에서 벗어나 전략적인 관점으로 진화했다. 노동자, 협력회사, 소비자, 사회공동체에 대한 기업의 사회적 책임이 더 나은 사회로 향하는 것은 분명하지만 기업 자체에 미치는 영향이 컸기 때문이다. 실제 많은 연구들이 기업의 사회적 책임과 기업 성과 간의 관계를 살폈는데, 대부분의 연구는 긍정적인 관계가 있음을 보고했다. 이러한 결과는 기업의 사회적 책임이 사회적 성과만이 아니라 기업의 경제적 성과에도 긍정적인 효과가 있음을 보여주는 것이었다.

기업의 사회적 책임이 전략적 관점으로 이해됨에 따라 기업들은 천편일률적인 프로그램을 지양하고 각자에게 적합하면서 경쟁 우위에 도움이 되는 사회적 책임 프로그램을 개발했다. 사회적 책임 프로그램에 직원들의 참여를 강조하는가 하면, 생산하는 상품과 관련한 사회적 책임에 집중했다. 유한킴벌리가 탄소 배출을 줄이기 위해 숲 가꾸기 활동을 한다든지, 삼성전자가 컴퓨터 등 전자제품을 학교에 기부한다든지 하는 활동이 좋은 예이다.

기업의 사회적 책임은 나라마다 차이가 있으나 본래 기업의 자율적 이행을 강조한 개념이다. 기업 스스로 경제적, 법적, 재량적 책임에 대한 행동 지침을 정해 이행하는 것을 의미한다. 이에 비해 ESG경영은 내용 면에서는 기존 사회적 책임과 다르지 않으나 기업의 자발적인 노력에 맡겨 두는 것이 아니라 투자라는 확실한 보상 정책을 통해 기업의 사회적 책임을 유도한다는 점에서 기존의 사회적 책임과는 차이가 있다.

투자기관들이 기업의 사회적 책임에 관심을 둔 이유는 더 나은 사회를 위해 노력하는 기업에 투자한다는 명분도 있지만 그에 앞서 막대한 자금을 투자하기 때문에 손실은 최소화하고 수익은 최대화하는 게 중요하기 때문이다. 최소 손실을 위해 투기성 상품은 자제해야 하며, 최대 수익을 위해 우량기업에 투자하는 게 바람직하다. 투자회사가 고려할 수 있는 기업은 불확실성 속에서도 계속 수익을 낼 수 있어야 하는데, 사회적 책임 성과가 높은 기업이 그에 부합하기 때문이다.

ESG경영 평가를 통한 투자가 늘고 있는 것도 기업의 ESG경영을 자극하는 요인이 되었다. Global Sustainable Investment Review에 따르면, ESG 통합 투자는 2016년 10.4조 달러에서 2020년 25.2조 달러로, 2022년에는 41조 달러로 매년 늘어난 것으로 나타났다.

ESG경영이 주목받다 보니 해당 내용에 대한 공시를 의무화하는 국가도 늘고 있다. ESG경영을 공시하는 국가는 2020년 84개국에 달하며, 유럽연합은 2021년에 EU 자체적인 CSR 지침에 따라 일정 규모 이상의 기업(500명 이상의 대기업 및 공익 관련 등 11,700여 개 기업)은 ESG 관련 내용을 공시하도록 의무화했다. 우리나라도 2025년 ESG 공시를 예고하고 있지만 경영계는 준비가 부족하다는 이유로 연기를 요청하고 있는 반면, 시민사회단체들은 늦출 이유가 없다며 맞서고 있다. 대책 없이 ESG 공시를 미루는 건 바람직하지 않으며, 다소 연기한다면 어떤 준비를 할 것인지를 명확히 할 필요가 있다.

지속 가능한 자본주의와 기업의 사회적 책임은 양 날개

자본주의가 봉건주의의 한계를 극복하며 진화한 시스템인 건 분명하지만 분배 측면에서는 불평등을 피하기 어려운 내재적 한계를 가지고 있다. 자본주의 시장경제 시스템을 떠받치고 있는 기업들은 소유주와 주주에게 수익을 배분하기도 하지만 노동자를 고용하고 임금을 지불하며 사회에 필요한 재화를 생산하는 경제적 책임을 동시에 가지고 있다.

기업에 사회적 책임을 요구하기 시작한 건 그리 오래된 일이 아니며, 출발은 기업의 위기이자 자본주의 위기와 관련되어 있다. 자본주의는 위기를 거치면서 정부, 노동조합, 기업에 각자의 역할을 부여했다. 정부에는 부의 불균형을 완화할 수 있는 정책의 개발과 빈곤층을 위한 사회부조의 역할을 주었다. 노동조합에는 기업과 산업 그리고 국가 수준에서 부의 재분배가 실현될 수 있는 정당성과 교섭 권한을 부여했다. 마지막으로 기업에는 기업의 사회적 책임이라는 스스로의 자정능력을 통해 기업 차원으로는 경쟁력을 갖고 사회 전체적으로는 기업 활동으로부터 발생하는 문제점을 극복할 수 있도록 했다. 기업 활동의 결과로 나타날 수 있는 문제점들에 대해 스스로 책임지는 자세를 강조한 것이다. 자본주의와 시장경제의 유지는 정부의 노력만으로는 불가능하다. 자본주의의 가장 큰 수혜집단인 기업이 기업 활동의 결과가 가져올 수 있는 문제점들을 인식하면서 극복하려고 노력할 때 자본주의는 지속 가능할 수 있다.

이러한 노력, 즉 기업의 사회적 책임이나 ESG경영은 기업의 자발성에만 기대할 수 없다. 기업 생존을 위한 경쟁이 격렬해질수록 각자도생을 위한 비용 절감에 기업 역량을 집중할 것이기 때문이다. 기업의 사회적 책임과 ESG경영을 확대하기 위해서는 정부의 적절한 규제와 지원, 노동조합과 시민사회단체 등의 조직적인 요구와 공동의 책임, 그리고 소비자의 사회적 압력이 중요하다. 소비자와 투자자가 기업의 사회적 책임을 중요하게 여길 때 이를 위해 행동하는 기업이 늘어날 수 있기 때문이다.

참고문헌

Carroll, A. B, (1979). 「A three-dimensional conceptual model of corporate performance」. *Academy of management review, 4*(4), 497~505.

Freeman, R. E, (2010). 「Stakeholder theory: The state of the art」. Cambridge University Press.

Friedman, M, (1970). 「A Friedman doctrine: The social responsibility of business is to increase its profits」. *The New York Times Magazine, 13*(1970), 32~33.

3장.

ESG의 개념과 진화

ESG의 개념 및 경과 사항

ESG경영은 지난 2020년부터 국내 언론을 통해 집중적으로 보도되면서 4~5년 만에 한국의 많은 기업들이 빠르게 도입하고 있다. ESG경영은 기업 활동을 환경경영, 사회적 책임, 건전하고 투명한 지배구조에 초점을 둔 지속가능성(Sustainability)을 달성하기 위한 세 가지 핵심 요소로 정의할 수 있다.[2]

2021년 말 한국 정부는 기업들이 기본적으로 관리해야 하는 ESG 항목들을 정의하고 안내하는 K-ESG 가이드라인을 발간했는데, 환경, 사회, 지배구조 영역에 대해 아래와 같이 설명하고 있다.

- **환경(Environmental)**: 기업의 경영활동 과정에서 발생하는 환경 영향 전반을 포괄하는 요소들을 포함. 최근 기후변화와 관련한 탄소중립·재생에너지 사용 등이 중요한 요소로 부각.

2 정부부처 합동, (2021). 「K-ESG 가이드라인」

- **사회(Social)**: 임직원·고객·협력회사·지역사회 등 다양한 이해관계자에 대한 기업의 권리와 의무·책임 등의 요소를 포함. 최근 인권, 안전·보건 등에 대한 이슈가 화두.
- **지배구조(Governance)**: 회사의 경영진과 이사회, 주주 및 회사의 다양한 이해관계자의 권리와 책임에 대한 영역으로 이사회의 다양성, 임원 급여, 윤리경영 및 감사기구 등을 강조. 지배구조와 관련하여 기업의 지배구조뿐 아니라 정부·지자체·NGO·노동조합 등 다양한 경제 주체들의 지배구조도 강조.

표 3-1. K-ESG 가이드라인 구성 요소

환경	사회	지배구조
환경경영 목표	사회 목표	이사회 구성
원부자재	노동	이사회 활동
온실가스	다양성 및 양성평등	주주 권리
에너지	산업안전	윤리경영
용수	인권	감사기구
폐기물	동반성장	관련 법/규제 위반
오염물질	지역사회	
관련 법/규제 위반	정보보호	
환경 라벨링	관련 법/규제 위반	

K-ESG 가이드라인은 24개 주제에 대한 총 61개의 관리 항목을 한국 기업들에게 제시하면서 우선적인 관리를 강조하고 있다.

ESG라는 용어는 지난 2004년 유엔 글로벌 콤팩트(UN Global Compact)에서 발간한 'Who Cares Wins: Connecting Financial Markets to a Changing World'라는 보고서에서 처음으로 제시되었다. 기업이 지속 가능한 성장을 원한다면 반드시 친환경 경영과 사회적 책임 경영, 투명한 지배구조 확보에 신경 써야 한다는 관점에서 제안된 개념(용어)이다. 하지만 한국 기업들은 2020년 이전까지는 CSR(Corporate Social Responsibility, 기업의 사회적 책임), CSV(Creating Shared Value, 공유가치 창출)이라는 다양한 용어를 사용해 왔다. 아

그림 3-1. ESG 발전 경과

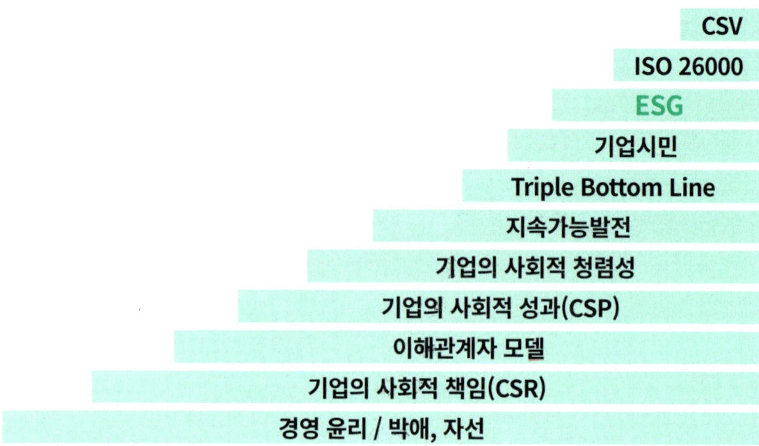

래 그림처럼 다양한 개념(용어)들을 활용하여 비재무 영역을 관리해 왔으며, 이 활동들은 ESG 활동이 추구하는 목적이나 목표와 크게 다르지 않은 활동으로 평가할 수 있다.

지금 기업들이 적극적으로 추진하고 있는 ESG 활동과 관련한 핵심 이론은 2장에서도 설명된 '이해관계자 자본주의(Stakeholder Capitalism)'이다.[3] 기업의 본질을 기업 활동 과정에서 이해관계를 가진 집단들 간에 맺어진 관계들의 체계로 인식하면서, 기업이 전개하는 다양한 활동을 고객, 공급자, 근로자, 투자자(주주·채권 보유자·은행 등), 유관단체, 그리고 경영자가 상호작용하며 가치를 창조하는 방식으로 정의하고 있다. 기업을 이해하는 것은 이런 관계들이 어떻게 작동하는지를 아는 것이라고 주장하는 이론이 이해관계자 자본주의이다.

2020년 이후 한국 기업들이 ESG에 주목하게 된 직접적인 계기는 기업경영 과정에서 핵심적인 이해관계자로 분류되는 주주(글로벌 자산운용사)들의 요구라고 할 수 있다. 11조 5천억달러[4]가 넘는 자산을 운용하고 있는 블랙록(BlackRock)社의 공동 창업자인 래리 핑크(Larry Pink) 회장이 매년 초 투자

3 Freeman, Wicks, & Parmar, (2004)

4 '24년 10월 기준

기업의 최고경영자들에게 보내는 연례 서신을 통해 ESG를 언급하고 구체적인 기업의 대응을 요구하기 시작했다. 예를 들어 2020년에는 투자 결정 시 환경 지속가능성을 핵심 목표로 천명했고, 2021년에는 투자기업들에게 Net Zero와 같은 탄소중립 정책을 밝힐 것을 요구했다. 2022년에는 기업과 주주가 공동으로 발전하기 위한 ESG경영을 강조했으며, 2023년에는 지속가능성 공시의 중요성을 재확인하기도 했다.

또한 2020년 다보스포럼에서는 이해관계자 자본주의에 근거한 ESG경영 기준을 수립했으며, 이후 이해관계자 자본주의 측정(Stakeholder Capitalism Metrics) 도구를 핵심 지표로 제시했다(<표 3-2>참조). 이는 이해관계자 자본주의 측정 과정에서 주주만이 아니라 고객, 직원, 지역사회, 주주 등 모든 이해관계자를 고려하는 것이 중요하다는 점을 확인시키면서 강조한 대표적 사례라고 할 수 있다.[5]

이렇게 이해관계자 자본주의 관점에서 기업들에게 제안되고 있는 지금의 ESG 활동 과정에서 가장 대표적인 활동은 평가와 공시이다. 기업의 ESG 활동에 대해 외부 이해관계자들이 자체 기준을 개발하여 평가하고 그 결과를 공개함으로써, 기업

5 World Economic Forum 홈페이지

표 3-2. Stakeholder Capitalism Metrics[5]

거버넌스	지구환경	사람	번영
거버넌스의 정의는 점차 진화하고 있으며, 조직은 점점 더 자신들의 목적을 사업의 중심에 정의하고 내재화할 것으로 기대되고 있습니다. 그러나 책임, 책무성, 청지기 정신의 원칙은 여전히 "좋은 거버넌스"를 위해 필수적입니다.	지속 가능한 소비와 생산을 통해 자연자원을 지속 가능하게 관리하며 기후변화에 신속히 대처하는 등, 환경 악화를 방지하고 지구를 보호하려는 목표를 가집니다. 이는 현재와 미래 세대의 요구를 지원하기 위한 것입니다.	모든 형태와 차원의 빈곤과 기아를 종식시키고, 모든 인간이 존엄과 평등 속에서 자신의 잠재력을 실현할 수 있도록 건강한 환경을 제공하는 것을 목표로 합니다.	모든 인간이 풍요롭고 충만한 삶을 누릴 수 있도록 보장하며, 경제적, 사회적, 기술적 진보가 자연과 조화를 이루는 방식으로 이루어질 수 있도록 하는 것을 목표로 합니다.

의 더욱 적극적인 ESG 활동을 유도하기 위한 평가 활동과 기업 스스로 본인들이 실행하고 있는 ESG 활동의 내용과 성과를 외부 이해관계자들에게 설명(공시)하는 활동으로 구분할 수 있다. 자료에 의하면 지금 전세계에서 작동되는 평가·공시 기준의 Set는 600여 개라고 한다. 평가·공시 항목이 600개가 아니라, 개별 항목들을 모아 놓은 Set가 600개라는 것이다. 각각의 기준들이 전혀 다른 항목들로 구성되어 있지는 않고, 대부분의 항목들이 중복된다고 하더라도 기업 입장에서는 분명히 복잡하고 어려운 과제임에는 분명하다. 그중 한국 기업들에게 의미가 있고, 가장 많이 사용하고 있는 대표적인 평가(관리) 기준과 공시 기준을 각각 한 개씩 살펴보자.

대표적인 ESG 기준 및 지표

1. UN SDGs (Sustainable Development Goals)

UN SDGs는 2015년 유엔 총회에서 채택된 17개의 지속 가능한 발전 목표로, 인류의 생존과 번영을 위한 청사진을 유엔 차원에서 제시하고 있는 기준이다. UN SDGs는 인간, 지구, 번영, 평화, 파트너십이라는 5대 축(5P)을 중심으로 설계되어 있다.

- **인간(People)**: 우리는 모든 형태와 차원의 빈곤과 기아를 종식하고, 모든 인간이 존엄과 평등 속에, 그리고 건강한 환경에서 자신의 잠재력을 실현할 수 있도록 보장할 것을 결의한다.

- **지구(Planet)**: 우리는 현세대와 미래세대의 필요를 지원할 수 있도록 지속 가능한 소비와 생산을 하고, 지구 천연자원을 지속 가능한 방식으로 관리하며, 기후변화에 대한 시급한 조치를 하는 등으로 지구가 황폐화하지 않도록 보호할 것을 결의한다.

- **번영(Prosperity)**: 우리는 모든 인간이 풍요롭고 보람 있는 삶을 향유할 수 있고, 자연과의 조화 속에 경제, 사회, 기술의 진보가 이루어지도록 보장할 것을 결의한다.

- **평화(Peace)**: 우리는 공포와 폭력이 없는 평화롭고 공정하며 포용적인 사회를 만들 것을 결의한다. 평화 없는 지속 가능한 개발은 있을 수 없으며, 지속 가능한 발전 없는 평화는 있을 수 없다.
- **파트너십(Partnership)**: 우리는 강화된 글로벌 연대의 정신에 기초하고, 특히 최빈곤층과 최취약층의 요구에 초점을 맞추며, 모든 국가, 모든 이해관계자 및 모든 사람이 참여하는 활성화된 지속 가능 발전 글로벌 파트너십(Global Partnership for Sustainable Development)을 통해 본 의제의 이행에 요구되는 수단을 동원할 것을 결의한다.

UN SDGs와 기업이 추진하는 ESG 활동은 어떤 관계가 있을까? 그건 목표와 수단의 관계라고 할 수 있다. ESG 활동은 기업이 지속 가능한 성과를 달성하기 위한 방법론이라면 UN SDGs는 이를 통해 달성해야 할 구체적인 목표이다. 이는 각 기업이 실행하는 ESG 활동들이 구체적으로 UN SDGs 목표 달성에 어떻게 기여하는지 명확히 설명할 수 있어야 함을 뜻한다.

ESG가 UN SDGs와 어떻게 연결되어 있는지를 살펴보면 첫째, 환경적 지속가능성이다. ESG 활동의 환경적 측면은 UN SDGs의 기후 행동, 물과 위생, 생태계 보호와 직접 연결되어야 한다. 애플(Apple)은 전략적인 환경 분야의 ESG 활동을 통해 탄소 배출을 획기적으로 줄이고 있으며, 이는 UN SDGs의 기후 행동 목표 달성에 직접 기여하는 것으로 평가받고 있다.

둘째, 사회적 책임이다. 노동권 보호, 사회적 포용, 건강과 웰빙 증진 등은 UN SDGs의 빈곤 퇴치, 건강과 웰빙, 평등한 교육과 관련되는 ESG 활동들이다. 나이키(Nike)는 회사가 설정한 ESG 원칙에 따라 자사 및 협력사 근로자들의 권리를 꾸준히 보호하고 있으며, UN SDGs의 사회적 책임 목표와 연결되는 활동이라고 할 수 있다.

셋째, 지배구조의 투명성이다. 기업이 ESG 활동을 통해 구축하는 투명하고 좋은 지배구조는 UN SDGs가 추구하는 평화와 정의, 강력한 제도 구축을 지원하는 성과로 연결될 수 있다.

기업이 실천하고 있는 ESG 활동들은 UN SDGs의 17개 목표 달성에 기여할 수 있어야 하며, 최종적으로는 지구촌 전체의 '지속 가능한 발전'을 다 같이 만들어 가는 데 역할을 할 수 있어야 한다. 그것은 바로 UN SDGs가 추구하는 '단 한 사람도 소외되지 않는 것(Leave no one behind)'에 기업이 기여할 수 있는 최고 수준의 책임 활동이 될 수 있다.

<표 3-3>은 UN SDG의 17대 목표가 ESG의 가치와 각각 어떻게 연결되어 있는지를 나타낸다.

표 3-3. UN SDGs와 ESG의 연계[6]

UN SDGs 17대 목표	ESG 가치
1. 모든 곳에서 모든 형태의 빈곤 종식.	S
2. 기아 해소. 식량 안보와 영양 상태의 개선 달성 및 지속가능 농업 강화.	S
3. 건강 및 웰빙.	e, S
4. 포용적이고 공평한 양질의 교육을 보장. 평생교육 기회 제공.	S, g
5. 양성평등 달성. 모든 여성과 소녀의 역량 강화.	S, g
6. 모든 사람에게 물과 위생에 대한 가용성과 지속 가능한 권리를 보장.	E, s
7. 모든 사람에게 적당한 가격의 신뢰할 수 있는 에너지 제공.	E, s
8. 포용적이며 지속 가능한 경제성장과 양질의 일자리 창출.	e, S, g
9. 혁신과 인프라.	e, S
10. 국내 및 국가 간 불평등 완화.	S, g
11. 지속 가능한 도시.	e, S
12. 지속 가능한 소비와 생산.	E, s, g
13. 기후변화 대응.	E, g
14. 해양 생태계 보존.	E
15. 육상 생태계 보존.	E
16. 포용적인 사회 증진, 포용적인 제도 구축.	s, G
17. 목표 달성을 위한 파트너십.	G

* 대문자: 높은 관련성, 소문자: 중간 수준의 관련성

6 산업정책연구원 김영기 원장 정리

추가로, UN SDGs 목표의 효과적 달성을 위해 국제표준화 기구인 ISO 주도로 2024년 11월에 발표한 「Environmental, social and governance(ESG) implementation principles - IWA 48: 2024(en)」에도 주목할 필요가 있다. 서문에서 밝히고 있듯이, 이 원칙은 '17개의 UN SDGs 목표의 영향을 고려하는 조직과 선택한 UN SDGs의 목표의 맥락에서 ESG 활동 간의 연결을 최적화할 수 있는 방법을 고려하는 조직을 지원하기 위해 개발'된 것이다.

그림 3-2. ESG Framework

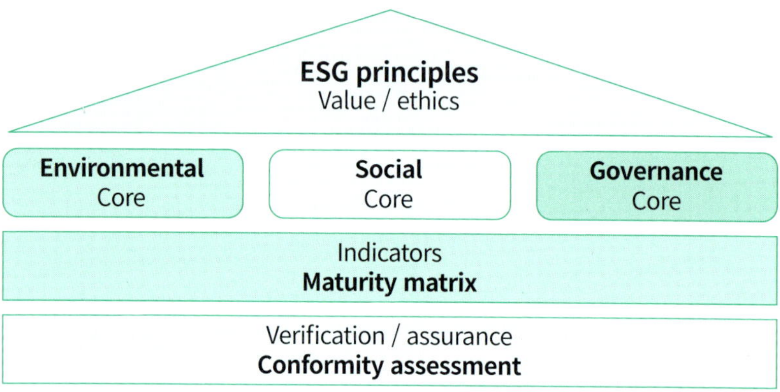

2. GRI Standard

기업들이 지속 가능 보고서를 작성할 때 기준으로 가장 많이 활용하고 있는 게 바로 GRI(Global Reporting Initiatives)이다.

미국의 NGO인 CERES와 UNEP이 공동으로 개발한 지표로, 세계적인 활용도가 높아 일반적으로 가장 신뢰성을 갖춘 국제적인 공시 지표로 받아들이고 있다. 2024년 8월을 기준으로 이해관계자들에게 회사의 ESG 활동 내용 및 성과를 설명하기 위해 지속가능경영(ESG) 보고서를 발간하고 있는 상장기업은 188개라고 한다.[7] 이는 2023년 161개 기업이 보고서를 발간한 것과 비교하여 17%나 늘어난 숫자이다. 현재 활용되고 있는 GRI 공시 기준의 주요 공시 항목은 기업의 ESG 활동 영역과 주제를 아래와 같이 가이드하고 있다. 기업이 관리하고 그 결과를 이해관계자들에게 공시하는 영역을 크게 3개의 영역으로 구분하고, GRI200(경제적 성과), GRI300(환경적 성과), GRI400(사회적 성과)에 대한 구체적인 공시 항목을 제시하고 있는 것이다.

표 3-4. GRI Standards의 주요 공시 주제[8]

GRI 200	GRI 300	GRI 400
economic performance	materials	employment
market presence	energy	labor management relations
indirect economic impacts	water and effluents	occupational health and safety

7 "지속가능보고서 발간 상장사 17% 늘어" ESG경제 ('24. 8. 7)

8 https://www.globalreporting.org/

GRI 200	GRI 300	GRI 400
procurement practices	biodiversity	training and education
anti-corruption	emissions	diversity and equal opportunity
anti-competitive behavior	effluents and waste	non-discrimination
	environmental compliance	freedom of association and collective bargaining
	supplier environmental assessment	child labor
		forced or compulsory labor
		security practices
		rights of indigenous people
		human rights assessment
		local communities
		supplier social assessment
		public policy
		customer health and safety
		marketing and labeling
		customer privacy
		socioeconomic compliance

ESG 3대 핵심 이슈

2024년 말 기준 한국 기업들이 직면하고 있는 ESG경영의 환경은 한마디로 '규제의 시대'라고 정의할 수 있다. 자발적이면서 도덕적인 책임을 강조하는 규범(Norms)이 아니라, 강제적이며 법적 구속력을 가지는 규제(Regulations)가 한국 기업에게 현실이 되고 있다는 것이다. 이하에서는 'ESG 규제의 시대'를 대표하는 대표적인 3대 이슈에 대해 설명하고자 한다.

1. 공시 제도 의무화

2024년 현재 한국 주식시장에 상장된 일정 규모 이상의 기업에게 지배구조에 대한 공시는 의무적으로 진행되고 있지만, 기업의 전반적인 ESG 활동 내용과 성과를 이해관계자들에게 설명하기 위한 지속가능경영(ESG) 보고서는 자율적인 발행에 맡기고 있다. 하지만 EU 등을 중심으로 글로벌 차원에서 공시 제도가 빠르게 의무화되는 추세이다.

기업의 재무성과(회계) 공시 기준을 전세계적으로 관리하는 국제회계기준위원회(IASB, International Accounting Standards Board)라는 단체가 있다. 여기에서 제정한 회계 기준인 IFRS(International Financial Reporting Standards)는 현

재 EU를 포함한 대부분의 국가에서 채택하여 사용하고 있다.

우리나라는 2007년 3월 15일 '국제회계 기준 도입 로드맵'을 발표했고, 2009년부터 국내의 상장기업에 도입하기 시작했으며, 2011년부터 IFRS 기준에 따라 일반 상장기업과 금융회사를 중심으로 회계 기준을 적용하고 있다. 이에 따라 2011년부터 2조 원 이상의 상장기업은 국제회계 기준(IFRS)을 의무적으로 적용하고 있는 상황이다. 이렇듯 기업의 회계 정보 관리에 세계적인 영향력을 발휘하고 있는 IASB에서 지난 2021년 ISSB(International Sustainability Standards Board, 국제지속가능성기준위원회)를 설립하고, 2023년 6월 공시 기준을 발표했다. S1은 지속가능경영 일반 정보, S2는 기후변화 대응 활동을 TCFD(Task force on Climate-related Financial Disclosures, 기후변화 관련 재무정보공개 태스크포스) 기준에 따라 공시해야 한다고 했다.

또한 기후변화 대응과 관련한 TCFD 공시 기준과 함께 주목해야 하는 건 '자연자본 관련 재무 정보 공개 협의체'인 TNFD(Task force on Nature-related Financial Disclosures)이다. 전세계적으로 심각해지고 있는 '생물다양성' 이슈에 대한 기업의 적극적인 대응을 요구하는 움직임이 동시에 진행되고 있는 것이다. 이러한 글로벌 움직임에 발맞추어 우리나라도 한국회계기준원(KAI) 산하에 설립된 KSSB(Korean Sustainability Standards Board, 한국 지속가능성기준위원회)에서 한국 상장기업들에게 적용할 공시 기준을 제정하고 있다.[9]

ESG경영 공시와 관련하여, 각 국가(지역)별 상황을 살펴보면, EU(유럽연합)는 2023년 7월 ESRS(European Sustainability Reporting Standards, 유럽 지속가능성 공시기준)를 공표하고 2025년부터 단계별 공시 의무 기업을 확대해 나갈 예정이다. EU 역내 기업이 핵심적인 의무 공시 대상이지만, 비(非)EU 기업이면서 EU 시장에 채권 및 주식을 상장한 기업과 EU 내 매출이 1억 5,000만 유로(EUR) 이상이면서, EU 내 매출 4,000만 유로(EUR) 이상의 지점이나 현지 법인을 의무 공시 적용 대상으로 추가 규정하고 있기에 한국의 대기업을 중심으로 많은 기업들이 대응해야 하는 이슈가 되고 있다.

미국은 SEC(U.S. Securities and Exchange Commission, 미국 증권거래위원회)가 2024년 3월에 기후변화 대응 공시 기준을 채택했고, 2026년부터 단계별 의무 공시 대상을 확대할 예정이다. 일본은 지난 2021년 6월 기후변화 대응 관련 ESG 공시를 의무화했고, 2021년 11월에 ESG 공시 기준 제정 기구인

9 2024년 4월에 초안을 공개하고, 2024년 8월 말까지 각계의 의견을 수렴하여 최종안을 발표 예정.(2024년 12월 현재 최종안은 발표되지 않음)

SSBJ(Sustainability Standards Board of Japan)를 설립하여 2025년 상반기까지 일본의 지속가능성 공시 표준을 수립하겠다는 목표로 준비하고 있다.

이러한 ESG 활동 공시 의무화는 투자자를 중심으로 다양한 이해관계자들에게 해당 기업의 활동 및 성과를 투명하고 정확하게 설명해야 하는 기업의 책임을 공식적으로 부여하는 핵심적인 변화이다. 또한, 공시 내용을 기준으로 기업 ESG 활동에 대한 평가 활동으로 연결된다는 측면에서 모든 기업들의 전략적이고 전사적인 대응이 반드시 필요한 환경 변화라고 할 수 있다.

'공시 의무화'의 움직임에서 우리가 주목해야 할 또 하나의 이슈는 바로 '직원(고용·노동) 이슈'이다. ISSB가 현재까지 발표한 공시 기준에는 기후변화 대응 활동 공시만을 명문화하고 있지만, 추후 우선적으로 '직원' 관련 공시 기준을 추가로 제정하겠다고 밝히고 있다. 또한 EU에서 공표한 ESRS에는 이미 직원 관련 주요 정보를 공시하는 것으로 되어 있으며, 자사뿐 아니라 협력사의 직원 관련 정보까지 포함하고 있어, 더욱 광범위하게 기업의 관리 책임을 부여하고 있다.

미국 증권거래위원회(SEC)는 2020년 8월 미국 증시에 상장된 모든 기업에 대해 인적자본 공시를 의무화했는데, 주식시장의 투명성을 확보하기 위해 기업의 실제 자산 가치에 대한 공시가 이루어져야 한다는 관점에서 비재무적 정보인 인적자본에 대한 공시를 의무화한 것으로 밝히면서 미국 증시에 상장된 모든 회사에 인력 유치, 개발, 유지 등 3가지 항목에 대한 인적자본 정보 공시 의무를 부여하고 있다. 이에 따라 현재 미국 상장기업들은 다양성 및 포용성, 보상 수준, 작업장 안전 조치 등 직원들과 관련한 주요 정보를 공시하고 있는 상황이다.

일본은 금융청 주관으로 2023년 1월부터 상장기업의 유가증권 보고서 내 인적자본 공시를 의무화했다. 2022년 6월 내각에서 공표한 '새로운 자본주의의 그랜드 디자인 및 실행 계획'에 따른 후속 조치로 인적자본(직원)에 대한 공시를 의무화한 것이며, 이에 따라 현재 일본 기업들은 인재 육성, 유동성, 다양성의 영역에서의 직원 정보를 공시하고 있다.

2024년 4월에 발표한 지속가능성기준위원회(KSSB; Korea Sustainability Standards Board)의 공시 기준 초안은 기후변화 대응 활동을 의무 공시 사항으로 제시하면서, 자율 공시 항목을 추가했다. 이는 정부의 정책적 목표 달성에 기여하는 ESG 항목을 자율적으로 공시하도록 가이드한 것인데, 주요 항목으로 가족친화경영, 인권경영, 안전경영 등 직원들과 관련한 항목

(지표) 중심으로 구성되어 있다.

우리가 ESG경영 활동에서 가장 먼저 떠올리고 중요하게 생각하는 것이 '기후변화 대응' 이슈이다. 심각해지는 기후변화 문제를 해결하기 위하여 기업의 탄소 배출을 획기적으로 감축하는 활동이 반드시 필요하지만, 기후변화 이슈와 함께 직원들에 대한 지속적인 관리(지원)와 공시 이슈도 챙겨야 하는 상황이며, 이는 노동조합의 존재 이유와 연결하여 노와 사가 같이 고민해야 할 과제라고 할 수 있다.

2. EU의 탄소국경조정제도(CBAM)

기업의 모든 이해관계자들이 공감하는 가장 시급하고 중요한 ESG 과제는 바로 기후변화 대응(탄소중립)이라고 할 수 있다. 탄소국경조정제도(CBAM, Carbon Border Adjustment Mechanism)는 탄소 배출량 감축 규제가 강한 국가에서 상대적으로 규제가 덜한 국가로 탄소 배출을 이전하는 문제를 해결하기 위해 EU가 도입한 제도로, 쉽게 말해 EU 역내로 수입되는 제품 중 자국 제품보다 탄소 배출이 많은 제품에 대해 세금을 부과하는 제도이다. 이 제도가 적용되는 품목은 2024년 현재까지는 철강, 알루미늄, 비료, 시멘트, 전력, 수소 총 6개 업종이며 향후 적용 범위를 확장할 계획이라고 EU는 밝히고 있다.

탄소국경조정제도는 2023년 10월부터 발효되었으나 2025년까지의 전환기를 거쳐 2026년 본격 시행을 앞두고 있다. 전환 기간에는 수출기업이 대상 품목의 분기별 탄소 배출 데이터를 역내 수입자에게 송부하면, 역내 수입자는 이 데이터를 CBAM 전환기 등록부(registry)를 통해 EU에 제출하게 된다. 기한은 매 분기 종료 후 1개월 내 보고가 원칙이며, 분기 종료 시점으로부터 2개월까지 수정할 수 있다. 보고해야 하는 항목은 제품 CN 코드 및 수량, 원산지국, 사업장 위치, 생산 공정, 내재된 배출량, 생산국에서 기지불한 탄소 가격 등이다.

구체적으로, 2026년 1월의 본격 시행 단계에서는 등록된 수입 신고자가 전년도 수입품에 내재된 배출량에 상응하는 CBAM 인증서를 구매 후 매년 5월 31일까지 인증서와 신고서를 제출해야 하며, 이는 수출 기업에게 직접적인 원가 부담으로 작용하게 된다.[10] 해외 수출 비중이 높은 한국 기업 입장에서는 EU를 중심으로 탄소 배출 관련해서 높아지는 규제에 대한 생존 차원의 대응이 불가피할 것으로 예상되기에, 전사적인 역량을 집중한 탄소 절감 활동을 추진해야 한다.

10 KOTRA, (2024). 「우리 기업을 위한 EU ESG 통상정책 대응 가이드북」

3. EU의 지속가능성 실사 지침(CSDDD)

1996년 6월 미국의 라이프(Life) 잡지에 한 장의 사진이 실린다. 나이키 회사 로고가 선명한 축구공을 꿰매고 있는 12살의 파키스탄 어린이의 모습이다. 전세계적으로 15세 미만 아동의 노동을 엄격히 금지하는 가운데 미국의 유명 잡지에 실린 한 장의 사진으로 인해 나이키는 엄청난 주가 폭락 및 주주들의 항의에 직면하게 된다. 이 사건뿐 아니라 협력사(특히 저개발국)에서 발생하는 일련의 ESG 기준 위반 사례들로 인해 많은 글로벌 대기업들은 이해관계자로부터 강력한 시정 요구와 사전 관리 책임에 직면하게 된다. 이것이 바로 '공급망 ESG'의 개념이다. 우리 회사만 잘 해서는 안 되고, 거래 관계에 있는 협력사들도 일정 수준으로 ESG 관리를 잘하도록 원청기업이 책임지고 리더십을 발휘해야 한다는 얘기이다.

공급망 ESG에 대한 EU 차원의 규제가 지속가능성 실사 지침(CSDDD, Corporate Sustainability Due Diligence Directive)이다. 2024년 7월 발효된 CSDDD는 EU 회원국의 국내법 제정을 거쳐 2027년부터 단계별로 EU에서 영업하는 기업에게 자사와 협력사의 활동이 인권과 환경에 끼치는 부정적 영향을 조사하고 시정해야 할 의무를 부과하게 된다. 이 지침에 명시된 실사(Due

Diligence) 절차는 기업이 인권 및 환경에 미치는 부정적 영향을 파악하고 해결하기 위한 조치를 포함하는 기업책임경영을 위한 OECD 기업 실사 지침(Guidance for Responsible Business Conduct)에서 정의한 6가지 단계를 포함해야 한다.

당해 절차에는 다음의 단계적 조치들이 포함된다. (1)실사를 정책 및 관리 시스템에 통합, (2)인권과 환경에 미치는 부정적 영향의 식별 및 평가, (3)인권과 환경에 미치는 실제적 및 잠재적인 부정적 영향의 예방, 중단 또는 최소화, (4)조치의 효과성에 대한 모니터링 및 평가, (5)실사 공시(communicating), (6)구제 조치 제공 등이다.[11]

이미 한국의 대기업들은 자체적인 협력사 관리 기준을 수립하고, 진단 및 평가 그리고 개선 컨설팅을 통해 거래 기업의 ESG 건강도 관리를 강화하며 그 결과를 지속가능경영(ESG) 보고서를 통하여 설명하고 있다. CSDDD의 본격적인 발효는 향후 EU 기업과 거래하는 한국의 기업에게 ESG 관리에 대한 추가적인 압력이 될 수 있을 뿐 아니라, EU 시장에서 글로벌 사업을 하는 한국 기업은 주도적이고 선제적으로 협력사의 ESG 관리에 나서야 할 상황이다.

11 국가인권위원회, (2024). 「유럽연합 기업 지속가능성 실사지침」

ESG 활동을 구분하면 크게 두 영역으로 나눌 수 있다. 하나는 기업경영으로 인해 발생하는 사회·환경적인 부정적 영향을 최소화하도록 예방·관리하는 것이다. 인권 침해가 일어나지 않고, 환경을 오염시키지 않아야 하는 등이 여기에 해당한다. 둘째, 우리 기업의 경영 활동 과정이나 결과로 사회적·환경적 문제 해결에 기여하는 것이다. 협력사를 육성하여 건강한 기업 생태계를 구축하고, 에너지 문제 해결에 기여하는 신기술 및 신제품을 개발하는 활동 등이 그 예시가 될 수 있다. 위에서 설명한 3대 핵심 이슈 대부분은 첫 번째 영역에서 기업의 우선적 관리를 이해관계자들이 구체적으로 기대하는 결과로 받아들일 필요가 있다. 기후변화 및 전세계적인 불평등의 심화 등 우리가 해결해야 할 부정적 이슈와 관련한 기업의 더욱 적극적이고 지속적인 관리 활동을 이해관계자들이 요구하고 있는 게 지금의 환경이며, 이러한 요구에 대한 기업의 대응(ESG 활동의 실행)이 글로벌 사업을 수행할 수 있는 기본 자격 요건(License to operate)이 되고 있다.

참고문헌

정부부처 합동, (2021). 「K-ESG 가이드라인」

환경부, (2023). 「알기 쉽게 풀어쓰는 CBAM」

사회적가치연구원, (2023). 「ESG 정보공개 핸드북」

사회적가치연구원, (2023). 「공정 전환 플레이북」

송관철, (2024). 「ESG 평가지표에서 노동의 중요성」, 한국노동사회연구소

한국법제연구원, (2021). 「EU Taxonomy」

국가인권위원회, (2024). 「유럽연합 기업 지속가능성 실사 지침」

법무부, (2021). 「기업과 인권 길라잡이」

ISO, (2024). 「Environmental, social and governance(ESG) implementation principles」

삼일PwC, (2024). 「미국 SEC 기후공시 규칙 최종안」

상공회의소, (2024). 「주요 업종별 ESG 가이드북」

KOICA, (2016). 「알기 쉬운 지속가능발전 목표」

통계청, (2024). 「한국의 SDG 이행 보고서 2024」

2 PART

노사관계 패러다임의 변화

김영기·이호동·정흥준

4장.

경영 패러다임의 변화

'패러다임'이라는 용어는 토마스 쿤(Thomas Kuhn)[12]이 처음으로 제안한 용어이다. 그는 과학 발전 과정에서 나타나는 혁신적 변화를 설명하기 위해 이 개념을 사용했다. 쿤에 따르면, 패러다임은 특정 학문 분야의 연구자들이 공유하는 이론적 신념, 방법, 가치를 포함한 인식 틀을 의미한다.

이러한 패러다임 개념은 경영에도 적용되어, 특정 시대나 환경에서 기업들이 공통으로 따르는 경영 원칙과 관행으로 설명할 수 있다. 경영 패러다임은 기업 운영의 방식과 의사결정의 기본 틀이 되며, 이를 통해 기업이 추구하는 목표와 가치가 정해진다. 이 규범적 사고 방식은 조직 구조, 리더십 스타일, 전략 수립 등에 큰 영향을 미친다.

20세기 중반까지는 주주 가치 극대화가 경영 패러다임을 주도했으며, 이는 기업이 단기적인 이익 창출을 우선시하고 주

12 Thomas Kuhn, (1962). 「The Structure of Scientific Revolutions」,

주의 이익을 최대화하는 방향으로 운영되었다. 이러한 경영 방식 하에서 조직 구조와 리더십 스타일, 전략 수립도 설계되었다. 그러나 경영 패러다임은 고정된 것이 아니라 사회적, 기술적, 경제적 환경의 변화와 함께 진화한다.

패러다임이 변화하는 주요 이유[13]는 다음과 같다.

첫째, 기술 혁신이다. 기술의 급속한 발전은 경영 패러다임을 변화시키는 가장 큰 요인 중 하나이다. 4차 산업혁명으로 디지털화와 자동화가 경영에 통합되면서 새로운 디지털 전환 패러다임이 생겨났다. 예를 들어, 인공지능(AI)과 빅데이터의 활용은 기업의 의사 결정을 더욱 신속하고 정확하게 만들고 있다.

둘째, 사회적 요구의 변화이다. 소비자 및 사회 전반의 요구 변화도 경영 패러다임에 큰 영향을 미친다. 최근에는 지속 가능성과 환경에 대한 책임이 중요한 사회적 이슈로 떠오르면서, 기업은 ESG경영 패러다임을 채택하게 되었다. 이 경영 방식은 경제적 성과뿐 아니라 사회적, 환경적 성과를 고려해야 한다는 패러다임 전환을 의미한다.

셋째, 경제 환경의 변화이다. 글로벌화와 자유 무역의 확대

13 KPMG, (2022). 「Big Shifts, Small Steps: Survey of Sustainability Reporting」

로 기업은 글로벌 시장에서 경쟁력을 유지하기 위해 새로운 방식을 필요로 하게 되었다. 이에 따라 글로벌 공급망 관리와 지역 시장을 겨냥한 맞춤형 전략 등 새로운 패러다임이 도입되었다.

넷째, 규제 및 법적 변화이다. 각국 정부와 국제기구들이 ESG와 관련한 규제를 강화함에 따라 기업들은 이러한 변화에 맞춰 경영 방식을 수정해야 한다. EU의 기업 지속가능성 보고 지침(CSRD) 같은 규제는 기업들이 ESG 기준을 충족시키기 위한 새로운 패러다임을 도입하도록 촉구하고 있다.

최근 몇 년 간 ESG는 기업경영의 새로운 패러다임으로 자리 잡았다. ESG는 기업이 경제적 이익뿐만 아니라 환경 보호, 사회적 책임, 투명한 지배구조를 통해 지속가능성을 추구하는 경영 전략을 의미한다. 이는 과거의 경영 패러다임과는 큰 차이를 보이며, 기업이 미래를 대비하기 위해 필수적으로 도입해야 하는 경영 방식으로 부상하고 있다.

과거의 경영 패러다임은 주로 주주 가치 극대화와 단기적 이익 창출에 초점을 맞췄다. 그러나 ESG경영은 장기적 관점에서 기업의 지속가능성을 보장하며, 다양한 이해관계자들의 요구를 반영하는 방향으로 변화하고 있다. 이러한 패러다임의 전환은 단순히 경제적 성공을 넘어서 사회적, 환경적 책임을 다하기 위한 새로운 경영 접근법을 요구한다. 이는 글로벌 경제와 사회가 지속 가능한 방식으로 재설계되어야 하는 필요성에서 기인한 것이다.

본 장에서는 경영 패러다임의 변화 이유를 설명하고, 과거의 경영 패러다임과 ESG경영 패러다임의 차이를 비교 분석한 후, 기업이 이를 어떻게 경영에 적용해야 하는지를 논의한다. 또한 미국, 유럽, 일본, 한국 기업의 일부 사례도 살펴보겠다.

ESG가 경영의 패러다임을 변화시키는 이유

국제 기준과 규범의 강화

국제 사회는 지속 가능한 발전을 위해 ESG 기준을 강화하고 있다. EU(유럽연합)를 비롯한 여러 국가들은 ESG 공시를 의무화하고 있으며, 대표적으로 EU는 기업들이 환경, 사회, 지배구조에 대한 정보를 투명하게 요구하는 대표적인 법안인 '기업 지속가능성 보고 지침(CSRD)'과 '기업 지속가능성 실사 지침(CSDDD)'을 발표했다. 또한, 탄소 과다 배출 문제를 해결하기 위해 '탄소국경조정제도(CBAM)'도 도입하여 탄소 배출이 많은 제품에 추가 비용을 부과하기 시작했다.

이러한 규제 강화는 기업으로 하여금 ESG 요소를 경영에 통합하도록 압박하고 있으며, 이는 기업이 지속 가능한 경영을 통해 장기적인 성장을 추구하게 만드는 중요한 요소이다. ESG 기준의 통합은 기업의 지속가능성 및 사회적 책임을 계속 강화하고 있다.

경영 리스크의 증가

기후변화, 사회적 불평등, 지배구조 문제 등 ESG와 관련한 다양한 리스크가 증가하고 있다. 이러한 리스크는 기업의 재무 성과에 직접 영향을 미치며, 이를 관리하지 못할 경우 기업의 지속가능성에 큰 위협이 될 수 있다. 따라서 ESG경영은 이러한 리스크를 효과적으로 관리할 수 있는 방법으로, 장기적인 재무 안정성을 도모한다. 맥킨지의 「State of Organizations 2023」 보고서에 따르면, 이러한 사회적 리스크는 기업의 회복력과 장기적 성공을 위해 반드시 관리해야 하는 핵심 요소로 간주되고 있다.

기업의 명성과 신뢰 유지

ESG는 기업의 명성과 신뢰에 직접 영향을 미치는 중요한 요소이다. ESG를 소홀히 하는 기업은 소비자, 투자자, 규제 기관 등 다양한 이해관계자로부터 신뢰를 잃을 수 있다. 오늘날의 소비자들은 기업이 단순히 제품을 제공하는 것을 넘어서, 그 제품이 얼마나 환경친화적이며 사회적 책임을 다하는지 평가한다. 더욱이 MZ세대는 기업의 ESG 활동을 더 중시하는 경향이 크며, 이는 기업의 장기적 경쟁력에도 영향을 미칠 수 있다.

반대로, ESG 성과가 우수한 기업은 소비자와 투자자들의 신뢰를 얻어 장기적인 성장 기반을 강화할 수 있다. 지속 가능한 경영은 기업의 장기적 생존과 발전에 필수적인 요소이기 때문이다.

자본 접근성 및 투자 유치

ESG 성과가 좋은 기업은 리스크 관리가 잘 되어 있고, 장기적으로 안정적인 성장을 기대할 수 있기 때문에 투자자에게 매력적이다. 예를 들어, 신한금융지주는 ESG경영을 강화하면서 녹색금융 누적 실적이 3년 만에 6.6배 증가하는 성과를 보였다.[14]

반면 ESG 성과가 저조한 기업은 자본 유치 및 차입 비용이 증가할 수 있다. 투자자들이 ESG 리스크를 고려해 그런 기업에

14 뉴스투데이, 2024. 8. 30.

대한 투자를 꺼리기 때문이다. ESG 성과가 저조한 기업은 환경 규제나 사회적 책임 문제로 인해 추가 비용이 발생할 수 있으며, 이는 기업의 재무구조에 큰 영향을 미칠 수 있다.

과거 경영 패러다임: 주주 가치와 단기성과 중심의 경영

주주 가치 중심의 경영

과거 경영 패러다임의 핵심은 주주 가치 극대화였다. 이는 주주들이 투자한 자본에 대해 최대한의 수익을 돌려주는 것을 최우선 목표로 삼았다. 이러한 접근법은 주로 단기적인 이익을 강조하며, 기업의 주가 상승이나 배당금 지급과 같은 직접적인 경제적 성과에 초점을 맞췄다. 그리고 환경적, 사회적 요인에 대한 관심은 미흡했다.

이로 인해 전통적인 주주 가치 중심의 경영에만 몰두하다가 경영에 실패한 대표적인 회사 세 곳을 소개하면 다음과 같다.

첫째, 잘 알려진 엔론(Enron)은 주주 가치 극대화를 목표로 하여 단기적인 주가 상승에만 집중했다. 이를 위해 복잡한 회계 조작과 부채 숨기기 등의 불법적인 방법을 사용했으며, 결국 2001년에 파산했다. 엔론의 실패는 투명성과 윤리적 경영의 중요성을 일깨워주는 대표적인 사례이다.

둘째, 노키아(Nokia)는 한때 세계 최대의 휴대폰 제조업체였으나 자사의 기술에 지나친 확신을 가지고 시장 확대에만 주력하다가 몰락했다. 스마트폰 기술 혁신을 달성하고도 이를 상용화시키지 못했고, 협업 대신 독자 노선만 고집하다가 실패했다. 더구나 주주 가치 극대화를 위해 기존의 피처폰 사업에만 집중하고 혁신적인 스마트폰 개발을 소홀히 한 결과, 애플과 삼성에 시장 점유율을 빼앗기고 급격히 시장에서 사라졌다.

셋째, 코닥(Kodak)은 필름 카메라 시장에서 독보적인 위치를 차지했으나 디지털 카메라의 등장에 적절히 대응하지 못했다. 주주 가치 극대화를 위해 기존의 필름 사업에만 집중하고 디지털 기술에 대한 투자를 소홀히 한 결과, 결국 파산에 이르게 되었다.

이들 사례는 주주 가치 중심의 경영이 단기적으로는 효과적일 수 있지만, 장기적인 생존과 성장을 위해서는 혁신과 변화에 대한 적응이 필수적임을 보여준다.

단기 성과 중시

과거 경영 패러다임의 또 다른 특징은 단기 성과에 대한 중시였다. 기업들은 매 분기별 실적 발표를 통해 주주들에게 성과를 보고하며, 단기적인 수익 목표를 달성하기 위해 자원을 집중했다. 이는 기업이 장기적인 비전보다는 단기적인 목표 달성에 더 무게를 두게 만들어, 결과적으로 환경적, 사회적 책임을 등한시하게 되는 결과를 초래했다.

블록버스터(Blockbuster)[15]는 단기적인 수익에 집중하여 기존의 비디오 대여 사업 모델을 고수했고, 넷플릭스와 같은 스트리밍 서비스의 등장에 적절히 대응하지 못해 디지털 전환에 실패하면서 결국 파산에 이르게 되었다.

리먼 브라더스 (Lehman Brothers)[16]는 부동산 시장의 붐을 이용해 단기적인 수익을 극대화하려 했다. 그러나 부동산 시장이 붕괴하면서 막대한 부채를 감당하지 못하고 2008년에 파산했다. 단기적인 이익을 위해 과도한 레버리지를 사용한 것이 주요 원인이었다.

이들 사례는 단기적인 성과에 집중한 나머지 장기적인 전략과 혁신을 소홀히 한 결과로 실패한 대표적인 예이다. 이러한 사례들은 기업이 지속 가능한 성장을 위해서는 단기 성과뿐만 아니라 장기적인 전략과 혁신이 필요함을 보여준다.

---

15 How Blockbuster Failed at Failing, TIME, 2010.10.17., https://time.com/archive/6597696/how-blockbuster-failed-at-failing/

16 The Collapse of Lehman Brothers: A Case Study, Investopedia

비용 절감과 경제적 효율성의 극대화

과거에는 경제적 효율성을 극대화하는 데 중점을 두는 기업이 많았다. 이러한 접근은 자원의 최적화, 생산 공정의 개선, 인력의 효율적 활용 등을 통해 비용을 절감하고 이익을 극대화하는 방식으로 이루어졌다. 그러나 이러한 경영 방식은 종종 환경 파괴나 노동 착취와 같은 부정적인 결과를 초래했다.

제너럴 모터스(General Motors)[17]는 비용 절감을 위해 품질 관리와 안전검사를 소홀히 했다. 이로 인해 2014년에 점화 스위치 결함으로 인한 대규모 리콜 사태가 발생하여 막대한 비용과 신뢰도 손실을 입었다. 이는 비용 절감에 몰두하다가 새로운 비즈니스 모델과 기술의 등장에 적절히 대응하지 못한 결과로 해석할 수 있다.

비용의 문제로 노동 조건을 준수하지 않아 문제가 된 대표적인 기업들도 있다. 아마존(Amazon)[18]은 창고 직원들의 열악한 노동 조건으로 여러 차례 비판을 받았다. 직원들은 과도한 작업량과 짧은 휴식 시간, 높은 스트레스 수준을 호소했다. 특히 화장실 사용 시간을 줄이기 위해 병을 사용하는 사례까지 보고되었다.

17 https://www.freep.com/story/money/cars/general-motors/2019/09/06/gm-ignition-switch-nhtsa-recalls-safety-defects/2099289001/

18 https://www.yna.co.kr/view/AKR20241217004500091

월마트(Walmart)[19] 역시 저임금과 비정규직 고용, 열악한 노동 조건으로 여러 차례 비판을 받았다. 직원들은 낮은 임금과 불안정한 고용 상태, 과도한 작업량을 호소했다. 이는 월마트의 사회적 책임 문제로도 지적되었다.

이들 사례는 기업이 비용 절감과 경제적 효율성을 극대화하려다 노동 조건을 소홀히 하면 큰 사회적 비판과 브랜드 이미지 손상을 초래할 수 있음을 보여준다.

위에서 설명한 사례들은 대부분 복합적 요인(주주 가치 중심, 단기 성과 중심, 비용 절감과 경제적 효율성 극대화 등)이 작용한 결과로 실패한 경우이다. 예를 들어 엔론의 경우 주주 가치 극대화와 투명성 부재, 그리고 윤리적 경영의 부재가 결합되어 파산한 사례이다. 노키아와 코닥은 기술 혁신을 소홀히 하면서도 단기적 이익에만 집중해 결국 시장에서 도태된 것이다. 설명을 단순하게 하기 위해 각 요인별로 사례를 제시했지만 대부분 복합적 요인이 상호작용했다고 보면 된다.

19 https://www.hani.co.kr/arti/opinion/column/680371.html?utm

ESG경영 패러다임: 지속가능성과 사회적 책임

관점의 변화

세계경제포럼(WEF)[20]은 ESG경영이 기존의 경영 방식과 크게 달라지는 세 가지 핵심적인 관점 전환[21]을 제시했다. 이는 기업이 단순한 이익 추구를 넘어 장기적 성장과 사회적 책임을 다하는 방식으로 변화하는 데 필요한 요소이다. 이를 자세히 살펴보면 다음과 같다.

1. 메시지에서 의미로(From messages to meaning)

기존 경영에서는 기업이 사회적 책임이나 환경 보호에 대한 메시지를 전달하는 데 그쳤다면, ESG경영은 메시지 전달을 넘어, 기업의 행동과 결과에 진정한 의미를 부여하는 방향으로 변화하고 있다. 이는 기업이 단순히 이익을 추구하는 것을 넘어 사회적, 환경적 책임을 다하는 실질적 변화를 의미한다. 예를 들어, 환경 보호를 위한 구체적인 행동을 취하고, 그 결과를 투명하게 공개하여 신뢰를 쌓는 것이다. 이러한 변화는 기업의 지속가능

20 WORLD ECONOMIC FORUM,, (2022). 「Measuring Stakeholder Capitalism: Towards Common Metrics and Consistent Reporting of Sustainable Value Creation」.

21 2021년 9월 보고서

성을 높이고, 장기적인 성장을 도모하는 데 중요한 역할을 한다.

2. 사일로[22]에서 시스템으로(From silos to systems)

전통적인 경영 방식에서는 부서별로 분리된 업무 처리가 주를 이루었지만, ESG경영에서는 통합적이고 시스템적인 접근을 강조한다. 이는 기업의 모든 부서가 협력하여 ESG 목표를 달성하려는 노력을 의미한다. 예를 들자면 환경 부서와 인사 부서가 협력하여 친환경적인 근무 환경을 조성해 직원 만족도를 높이는 것이다. 이와 같은 통합적 접근은 기업의 효율성을 높이고, ESG 목표 달성에 기여한다.

3. 비용 절감에서 가치 창출로(From cost savings to value creation)

기존 경영에서는 비용 절감이 우선이었다면 ESG경영에서는 가치 창출이 중요하다. 지속 가능한 성장을 추구하며 사회적 책임을 다함으로써 기업의 가치를 높일 수 있다. 재생 가능 에너지를 사용하면 초기 비용은 높지만, 장기적으로는 비용을 절감하고 환경 보호에도 기여한다. 이는 기업의 지속가능성에 중요한 역할을 한다.

---

22 사일로(silo)는 원래 곡물을 외부와 격리시켜 저장하는 높은 굴뚝 같은 형태의 건물을 의미하는데 경영분야에서는 조직 내 부서 간 장벽이나 부서 이기주의를 의미한다.

위에서 언급한 세 가지 관점 변화는 ESG경영이 기업의 구체적인 실천 방법에 영향을 미치며, 사람 중심, 지속가능성 중심, 다양한 이해관계자들을 고려하는 경영 방식을 도입하게 만든다.

사람 중심의 경영

ESG경영은 사람 중심의 경영을 강조한다. 이는 직원, 고객, 지역사회 등 다양한 이해관계자들의 요구를 반영하며, 장기적인 성과와 지속가능성을 높이는 데 기여한다. 사람 중심의 경영은 직원 중심, 고객 중심, 지역사회 중심으로 나눌 수 있다.

1. 직원 중심 경영[23]

직원 중심 경영은 직원들의 만족도와 복지를 최우선으로 고려하는 경영 방식이다. 이는 직원들이 행복하고 만족스러운 환경에서 일할 때 생산성과 창의성이 극대화한다는 믿음에 기반한다.

구글은 직원들에게 다양한 복지 혜택과 유연한 근무 환경을 제공하여 높은 직원 만족도를 유지하고 있다. 구글(Google)[24]은 직원들의 복지와 만족도를 높이기 위해 다양한 프로그램을 운영하고 있다. 예를 들어, 직원들에게 무료 식사, 헬스케어, 유연한 근

23 김현식, (2023). 「직원 중심의 ESG경영」

24 https://www.mk.co.kr/news/society/7323753?utm

무 시간 등을 제공하여 높은 직원 만족도를 유지하고 있다. 또한 업무시간의 20%를 자신이 원하는 프로젝트에 사용할 수 있게 하여 창의성과 혁신을 끌어낸다. 모든 직원이 자유롭게 의견을 나눌 수 있는 개방적인 소통 문화를 만들어 문제 해결과 혁신을 촉진시키고 있다. 이러한 노력은 구글이 혁신적이고 창의적인 기업문화를 유지하는 데 중요한 역할을 하고 있음을 보여주고 있다.

2. 고객 중심 경영

고객 중심 경영은 고객의 요구와 기대를 충족시키는 것을 최우선으로 하는 경영 방식이다. 이는 고객의 만족도가 기업의 성공에 직결된다는 믿음에 기반한다.

스타벅스(Starbucks)[25]는 고객 경험을 최우선으로 하는 경영 전략을 통해 성공을 거두었다. 매장 내부 디자인과 분위기를 신중하게 설계하여 고객들이 편안하고 아늑한 환경에서 커피를 즐길 수 있도록 했다. 또한 주문 시 음료의 이름을 개인화하여 고객들에게 특별한 경험을 제공한다. 이러한 브랜드 포지셔닝과 고객 중심 경영은 스타벅스가 많은 사람들의 사랑을 받을 수 있는 이유이다.

25 https://www.starbucks.co.kr/index.do

3. 지역사회 중심 경영

지역사회 중심 경영은 기업이 속한 지역사회의 발전과 복지를 중요하게 생각하는 경영 방식이다. 이는 기업이 지역사회와 상생하며, 지역사회의 문제를 해결하는 데 기여하는 것을 목표로 한다.

이케아(IKEA)[26]는 지역사회와의 협력을 통해 지속 가능한 경영을 실천하고 있다. 이 회사는 지역사회에서 재생 가능 에너지를 사용하고, 지역 주민들에게 일자리를 제공했다. 이와 함께 지역사회와 협력하여 환경 보호와 사회적 책임을 강조하는 다양한 프로그램을 운영하고 있다.

이런 기업은 지역사회와의 협력을 통해 높은 성과를 달성했으며, 이는 지역사회와의 상생이 기업의 성공에 중요한 요소임을 보여준다.

지속가능성 중심의 경영

ESG경영은 지속가능성을 중심으로 하는 경영 패러다임이다. 이는 기업이 장기적인 관점에서 지속 가능한 성장을 이루기 위해 환경 보호, 사회적 책임, 그리고 투명한 지배구조를 고려해야 한다는 것을 의미한다. 이런 접근은 기업이 단순히 경제적

26 IKEA Sustainability Report FY22: IKEA Sustainability Report

이익을 추구하는 것을 넘어 다양한 이해관계자들의 요구를 반영하며, 기업의 사회적 역할을 강화하는 방향으로 나아가게 한다. 이런 변화는 기업경영의 핵심적인 전환점을 나타낸다.

파타고니아(Patagonia)[27]는 환경 보호와 지속 가능한 경영을 핵심 가치로 삼고 있다. 이 회사는 재생 가능한 자원을 사용해 제품을 만들고 있으며, 환경 보호 운동에도 적극적으로 참여하고 있다. 인터페이스(Interface)[28]는 세계 최대의 상업용 카펫 타일 제조업체로, 탄소 중립 및 폐기물 제로를 목표로 하고 있다. 이 회사는 지속 가능한 자재를 사용하고, 생산 공정에서 발생하는 모든 탄소를 상쇄하기 위해 노력하고 있다. 기업이 어떻게 ESG를 경영 전략의 중심에 두고 지속 가능한 성장을 이루어내는지를 보여준다고 하겠다.

이런 사례들은 기업이 장기적인 비전을 설정하고 이를 달성하기 위한 전략적 계획을 수립하는 것이 얼마나 중요한지 강조하고 있다.

---

27 https://www.mckinsey.com/industries/agriculture/our-insights/patagonia-shows-how-turning-a-profit-doesnt-have-to-cost-the-earth

28 https://circulareconomy.europa.eu/platform/en/good-practices/circular-business-models-carpet-tiles-creating-climate-fit-life

다양한 이해관계자 고려

ESG경영은 주주 외에도 고객, 직원, 공급업체, 지역사회 등 다양한 이해관계자들을 고려한다. 이는 기업이 사회적 책임을 다하며, 이해관계자들의 신뢰를 얻고, 지속 가능한 경영을 이루기 위한 필수적인 요소이다. 기업이 환경 보호를 위해 적극적으로 노력한다면, 이는 소비자들에게 긍정적인 이미지로 다가가며, 장기적으로는 기업의 브랜드 가치를 높이는 결과를 가져올 수 있다.

이러한 변화는 이해관계자 자본주의의 부상을 반영한다. 기업은 이제 단순한 주주 이익 극대화에서 벗어나, 사회 전체에 기여하는 방식으로 경영 방식을 재구성하고 있다. 다양한 이해관계자를 고려하는 경영을 하고 있는 몇 개 기업의 사례를 보면 다음과 같다.

마이크로소프트(Microsoft)[29]는 2030년까지 탄소 네거티브를 달성하겠다는 목표를 세우고, 이를 위해 재생 가능 에너지 프로젝트에 투자하고 있다. 아울러 직원들의 복지와 만족도를 높이기 위해 다양한 프로그램도 운영하고 있다.

시스코 시스템즈(Cisco Systems)[30]는 2040년까지 모든 범

29 https://www.microsoft.com/ko-kr

30 https://gblogs.cisco.com/kr/net-zero-commitment/?utm

주에서 넷제로(Net Zero) 배출을 달성하겠다는 목표를 세웠다. 그러기 위해 시스코는 글로벌 Scope1 및 Scope2 배출에 대해 2025년까지 넷제로 배출을 달성하기 위한 중간 목표를 설정했다. 시스코는 커뮤니티 프로그램에 4억 7,700만 달러를 기부하는 등 ESG 이니셔티브에 상당한 기여를 하고 있다.

이러한 사례들은 ESG경영이 기업의 지속가능성을 높이고, 장기적인 성장을 도모하는 데 중요한 역할을 하고 있음을 보여준다.

장기적 성과 중시

ESG경영은 단기적인 성과보다는 장기적인 성과에 중점을 둔다. 이는 기업이 지속 가능한 성장을 위해 장기적인 비전을 설정하고, 이를 달성하기 위해 노력하는 것을 의미한다. 기업이 탄소 배출을 줄이기 위해 장기적인 계획을 수립하고, 이를 이행해 가는 과정은 초기에는 비용이 발생할 수 있지만 장기적으로는 환경 보호와 더불어 비용 절감, 그리고 기업 이미지 향상이라는 긍정적인 결과를 가져올 수 있다.

맥킨지의 「State of Organizations 2023」 보고서에서도 이와 유사한 관점이 제시된다. 이 보고서는 조직들이 단기적인 재무 성과에만 집중하는 대신 장기적인 가치 창출과 지속 가능한 성과를 목표로 해야 한다고 주장한다. 이러한 전환은 기업의 경영 방식에 근본적인 변화를 요구하며, 지속 가능한 성과는 기업의 장기적인 성공과 밀접하게 연결된다.

유니레버(Unilever)는 지속 가능한 성장을 위해 2010년부터 장기적인 비전(Unilever Sustainable Living Plan, USLP)을 설정하고 이를 달성하기 위해 노력하고 있는 대표적인 기업이다. 유니레버[31]는 2025년까지 모든 플라스틱 포장을 재활용 가능하거나 퇴비화가 가능하게 만드는 것을 목표로 하고 있다. 이를 통해 환경에 미치는 영향을 최소화하고 지속 가능한 공급망을 구축하려 한다.

유니레버는 이를 달성하기 위해 공급망 전반에 걸쳐 ESG 데이터를 활용하여 책임 있는 구매를 실천하고 있다. 유니레버의 장기 비전은 지속 가능한 경영을 통해 사회적, 환경적 문제를 해결하고, 이를 통해 장기적인 성장을 이루고자 하는 것이다. 이러한 노력은 유니레버의 브랜드 가치를 높이고, 소비자들에게 긍정적인 이미지를 제공하고 있다.

31 https://www.unilever.com/sustainability/plastics/rethinking-plastic-packaging/

노동조합과 ESG경영

ESG경영에서 노동조합은 중요한 역할을 한다. 노동조합은 기업이 사회적 책임을 다하는 데 있어 중요한 이해관계자로, 특히 사회(S) 요소에서 핵심적인 역할을 맡고 있다. 노동자들이 기업의 의사 결정에 참여하고 노동 환경을 개선하는 노력은 ESG경영에 긍정적인 영향을 미친다.

노동자들의 참여는 기업의 사회적 책임을 강화하고 지속 가능한 경영을 실현하는 데 중요한 고리로 작용한다. 이러한 협력 관계는 기업이 ESG 목표를 달성하는 데 필수적이며, 노동조합은 기업의 사회적 책임 이행과 장기적인 지속가능성을 높이는 데 핵심적인 역할을 한다.

이와 같이 ESG경영의 관점 변화와 경영방식(사람 중심, 지속가능성 중심, 이해관계자 고려 등)을 연결해 보면 ESG경영이 기업으로 하여금 단순한 경제적 이익을 추구하는 것에서 벗어나 장기적이고 지속 가능한 경영을 실현하는 데 필수적인 역할을 하고 있음을 알 수 있다.

지금까지 설명한 과거의 패러다임과 ESG경영의 패러다임을 하나의 표로 정리하면 다음과 같다.

표 4-1. 과거 경영 패러다임과 ESG경영 패러다임의 비교

구분	과거 경영 패러다임	ESG경영 패러다임
목표	주주 가치 제고	지속 가능한 성장
지향점	단기적 이익	장기적 지속가능성
핵심 자원	자본	사람
이해관계자	주주	주주, 노동자, 공급자, 소비자, 공동체
환경적 고려	미흡함	환경 보호 및 지속가능성 중시
거버넌스	재무적 투명성 부족	투명하고 윤리적인 경영
성과 평가	단기적 재무 성과	장기적 비재무적 성과
리스크 관리	재무적 리스크 중심	포괄적 리스크 관리
노동조합과의 관계	갈등과 대립	협력과 공존

ESG경영의 도전과 미래 전망

ESG경영은 긍정적인 변화를 가져왔지만 여전히 몇 가지 도전 과제를 안고 있다.

첫째, 데이터 투명성 및 표준화 부족으로 ESG 성과를 측정하기 어렵다는 것이다. 세계경제포럼(WEF)은 ESG 데이터의 국제적 표준화를 강조하고 있으며, 이는 기업들이 신뢰할 수 있는 데이터를 제공하는 데 중요한 역할을 할 것이다.

둘째, 단기 이익과 ESG 목표 간의 갈등이다. 많은 기업들이 단기 이익을 중시하는 경영 문화에 익숙해 ESG 목표를 달성하

기 어려워한다. 유니레버와 같은 기업은 장기적인 목표를 설정해 이를 극복한 모범사례로 볼 수 있다.

셋째, 규제에 따른 대응의 중요성이다. 각국 정부는 ESG 관련 규제를 지속적으로 강화하고 있어 기업들은 이에 대응할 인력과 기술을 준비해야 한다.

ESG경영은 앞으로 더욱 중요한 경영 패러다임으로 자리 잡을 것이다. 기술의 활용이 점점 더 중요해질 것으로 예상되며, 인공지능(AI), 빅데이터, 블록체인 등의 기술을 통해 ESG 데이터의 수집, 분석, 보고가 더욱 정교해지고 투명해질 것이기 때문이다. 이와 함께 투자자의 ESG 관심이 증가하면서 ESG 투자펀드와 같은 금융상품의 성장이 지속될 것으로 보인다. 모건 스탠리의 연구[32]에 따르면, ESG를 중시하는 기업들이 장기적으로 더 높은 재무 성과를 거둘 가능성이 크다.

ESG경영은 기업의 지속 가능한 제품과 서비스 혁신을 촉진하는 데 중요한 역할을 하며, 지속 가능한 비즈니스 모델을 추진하는 원동력이 될 것이다. 마지막으로 글로벌 협력을 통해 ESG 목표가 일관되게 달성될 것으로 기대된다.

32 https://www.esgeconomy.com/news/articleView.html?idxno=5745&utm

참고문헌

김현식, (2023). 「직원 중심의 ESG경영」

KPMG, (2022). 「Big Shifts, Small Steps: Survey of Sustainability Reporting」

Mckinsey & Company, 2023. 「State of Organizations 2023」 Thomas Kuhn, (1962). 「The Structure of Scientific Revolutions」

WORLD ECONOMIC FORUM, (2022). 「Measuring Stakeholder Capitalism: Towards Common Metrics and Consistent Reporting of Sustainable Value Creation」

5장.

노동운동 패러다임의 변화

전통적인 노동운동의 전략과 전술

자본주의 성립과 발전 과정에서 노동자의 권리 획득을 위한 조직적 수단으로 인정받아 발전한 노동조합은 현대에 와서 새로운 도전에 직면하고 있다. 전통적인 노동운동은 자주성, 민주성, 투쟁성에 기반하여 창조적 고뇌와 헌신적 실천을 통해 자본주의 체제의 거대한 벽을 넘는 것에서 출발했다.

마르크스(Karl Marx)는 그의 저서 『노동조합 –그 과거, 현재. 미래』에서 "자본은 집적된 사회적 힘인데 반해 노동자들이 당장 가지고 있는 것이라고는 자신의 개인적인 노동력뿐이다. 노동자 쪽이 당장 가지고 있는 유일한 사회적 힘은 그들이 다수라는 것뿐이다. 그러나 다수라는 힘은 분열로 분산된다. 노동자의 분열은 노동자 동료끼리의 피할 수 없는 경쟁에 의해 만들어지고 유지된다."라고 적었다. 분열된 다수가 광범위하게 단결하지 않으면 자신들의 권리를 확보하고 행사하지 못한다는 것이다. 그래서 시작된 것이 노동조합이다. 노동자들이 단결하지 못하도록 1700년대 후반 단결금지법을 제정했던 영국을 포함해 프랑스, 독일 등에서도 법률로 단결을 금지하는 상황에서 상호부조 활동 등을 통해서 노동자들을 조직할 수밖에 없었다.

초기의 노동조합들은 1800년대 중반 이후 단결금지법이 철폐되고 합법화될 때까지 비합법적 활동을 유지해야 했다. 웹 부부(Beatrice Webb, Sidney Webb)는 "노동조합이란 임금노동자들이 노동 생활에 있어서 여러 가지 조건의 유지·개선을 목적으로 하는 항구적인 단체"로 정의하고 있다.

노동조합은 자본주의 초기에 저임금 장시간 노동과 아동, 여성들이 열악한 환경에서 일하던 노동자의 이해 대변 기구로 조직되었고 그렇게 노동운동이 시작되었다. 이후 노동운동은 역사의 고비마다 수많은 실패와 패배를 거듭하는 과정에서 다시 일어서기를 반복했다.

자본주의의 발전에 따라 산업과 기술의 급격한 성장, 새로운 세대의 등장, 사회와 문화의 발전에 따라 전통적인 노동조합의 역할과 기능에 대한 새로운 성찰과 모색을 통해 노동운동은 성장해 왔다. 이러한 노동운동의 역사적 관점에서 과거와 현재, 미래를 살펴볼 필요가 있다. 19세기 말 영국의 역사가 액턴

(John Eerich Edward Dalberg-Acton)은 "우리는 이 세대에서 완전한 역사를 가질 수는 없을 것이다. 그러나 우리는 어떤 정보든지 입수할 수 있고 어떤 문제든지 해결 가능하므로, 전통적인 역사를 마감할 수 있고 전진의 도정에서 우리가 도달한 지점을 보여줄 수 있을 것이다."라고 말한 바 있다. 과거의 역사를 통해서 현실을 진단하고 미래를 대비하는 것이 보편적인 역사관이며 미래관이다.

위와 같은 관점에서 접근할 때 현재의 노동운동이 당면한 수많은 과제에 대한 해결책과 불확실한 미래에 대해서도 제대로 진단할 필요가 있다. 노동운동의 관점에서 과거를 되돌아볼 때도, 현재를 직시할 때도, 미래를 전망할 때도, 가장 중요하게 보아야 할 부분이 노동운동의 전략이다. 노동운동이 나아갈 바를 조직적으로 설계하고 현실에 맞게 집행하고 철저하게 평가하는 구조는 바로 이 전략을 중심으로 진행되기 때문이다. 따라서 각 시대의 노동운동의 흐름과 방향을 분석하고 예측하려면 전략을 가장 먼저 살펴야 한다. 거대한 전략에 맞추어서 구체적 전술은 입안되고 실행된다. 그래서 시대적 상황에 맞는 노동운동의 전략과 전술의 변화가 노동의 미래를 좌우한다는 대명제는 지금도 변함이 없다.

구해근 교수는 그의 저서 『한국 노동계급의 형성』에서 "현재의 경제 상황은 한국의 노동계급을 협소한 노동조합주의에 몰두하게 만들어, 내부적으로는 분열되고 외부적으로는 고립되게 만들 수도 있다. 노동계급 분절은 연대를 약화시켰고, 협소한 기업노조주의로 나아가게 하는 경향을 조장했다."라는 의미 있는 지적을 한 바 있다. 그렇다면 한국의 노동운동은 이러한 경향을 극복하기 위해 내부적으로 분열되지 않고 외부적으로 고립되지 않을 전략을 세우고 실천해야 하지 않을까? 내부적으로 분열되지 않으려면 단결해야 하고, 외부적으로 고립되지 않으려면 기업의 장벽을 넘어 사회적 연대를 강화하는 수밖에 없다.

노동운동의 미래를 장밋빛으로 낙관하기 어려운 현시기의 정세와 조건 앞에서 노동운동은 앞으로 무엇을 할 것인가? 급변하는 전환기적 현실에서 노동운동은 미래 전망을 새롭게 세워야 하는 과제를 앞에 두고 있다.

산업혁명기와 노동운동

자본주의가 발전하는 과정에서 산업의 혁명적 변화를 초래했던 전환기마다 생산기술의 급변은 생산의 주체인 노동자들에게 일자리 상실에 대한 공포를 몰고 왔다. 노동조건의 급격한 변화로 인한 적응 기간이 지나면 작업 현장은 안정을 되찾고 노동자들은 새로운 기술체제에 적응했다. 산업혁명기마다 새로운 기술의 발달로 인한 어려움은 있었지만 그런 어려움은 역사의 관점에서 보면 일시적, 부분적으로 그치고 새로운 일자리 창출로 이어져 큰 틀에서는 극복되었다고 볼 수 있다. 각 산업혁명기의 노동운동 또한 새로운 정세와 조건에 따라 여러 방면에서의 부침을 겪으며 지속되었다.

다만 최근의 4차 산업혁명이 몰고 올 엄청난 변화에 대해서는 예측이 분분한 상황이며 인간이 하던 일을 AI를 탑재한 로봇으로 대체하거나 기술 발전으로 일자리가 줄어들 경우 노동조합이 어떻게 대응할 것이냐가 주요 고민 지점이다. 이처럼 불확실한 노동의 미래에 노동조합의 전략적 변화가 절실하게 모색되어야 한다. 이러한 과제를 어떻게 풀어내느냐에 따라 노동의 미래는 그 모습을 달리하게 될 것이기 때문이다.

각 산업혁명기에는 이전에 없던 새로운 문물을 접하게 되고 이에 대한 인간의 반응은 놀라움과 반가움이 교차한다. 자신의 생업과 노동조건에 직접적인 영향을 받는 노동자들의 경우에는 당혹감과 불안감이 더욱 커지게 된다.

일례로 1887년 전기가 경복궁 건청궁에 들어왔을 때 귀신

불, 혼불로 불리며 궁인들이 혼비백산했다는 기록이 나온다. 새로운 문물의 도입에 따른 당시 사람들의 놀라움을 보여주는 단적인 예이다. 전기가 발명되고 생활 수단들이 변화하는 과정 특히 이동 수단으로서 전차의 운행이나 공업의 발전은 혁명적 변화라는 표현을 쓸 수밖에 없다.

영국의 빅토리아 여왕 시절 자동차가 처음 발명되었을 때, 자동차의 등장으로 피해를 볼 수 있는 마차를 보호하기 위해 1865년 세계 최초의 교통법인 Locomotive Acts가 제정되었으며, 일명 붉은 깃발법(Red Flag Act)으로도 불린다. 이는 당시 자동차의 출현으로 일자리를 잃게 된 마차 업자들의 항의가 들끓자 마차 사업을 보호하고 마부들의 일자리를 지키기 위해 제정된 것이었다. 이 법률에 의해 자동차의 최고 속도는 시골 지역에서 시속 6.4㎞, 도시 지역에서 시속 3.2㎞로 제한되었다. 특히 차량 앞에서 붉은 깃발을 들고 자동차의 접근을 알리며 경고하는 사람을 두게 했다.

산업혁명의 발상지였던 영국은 자동차를 가장 먼저 만들고도 1896년까지 약 30년간 이 법률이 유지되면서 소비자들의 자동차 구매 욕구를 감소시키는 주요 원인이 됐다. 이로 인해 자동차 산업이 크게 위축되었고 결국 자동차 산업의 주도권을 독일, 미국 등에 내주고 말았다. 지금은 웃고 넘길 붉은 깃발법 일화는 기술의 진보를 막는 규제가 어떻게 한 나라의 산업 지형과 경쟁력을 바꿀 수 있는지를 설명할 때 자주 소개되는 유명한 사례이다.

각 산업혁명기의 극적인 변화와 관련해서 당시 사람들 특히 노동자들이 겪게 되는 경험과 다양한 반응들은 세월이 한참 흐른 지금으로서도 이해가 가고 남는다. 그만큼 삶과 노동의 조건을 급격하게 바꾸게 되는 충격적인 전환이었기 때문이다. 생산수단의 급격한 변화와 생산량의 증대, 작업 방식의 혁신 등에 수반되는 노동조건의 변화에 노동자 개인 또는 조직적 역할로서 노동조합의 대응은 천차만별이었다. 급변하는 상황에 제대로 대응을 못해서 조직력의 후퇴와 역할의 축소를 감당하기도 했고, 일정 부분 적극적인 대응을 통해 조직을 확대하는 계기로 삼기도 했다.

객관적 정세와 주체적 조건의 변화

노동운동이 처한 현재의 정세와 조건이 녹록지 않은 상황에서 등장한 ESG 실천 전략은 피할 수 없는 시대적 요구로 다가오고 있다.

객관적 정세와 주체적 조건을 기반으로 새로운 전략을 개발하고 시대를 이끌어갈 수 있는 의제로 설정하는 것은 오랜 세월에 걸친 노동운동의 전통이다. 시대변화를 반영하여 현실에 부합하는 시의적절한 전략과 전술을 제시하는 것은 노동운동의 임무이며, 이는 시대를 불문하고 현장 대중들의 기대와 열망이기도 하다. 이러한 전략과 전술에 조직적 위력까지 담을 수만 있다면 노동운동의 힘은 배가되고, 흔히 기울어진 운동장으로 표현되는 사회적 관계의 반전을 꾀할 수 있다. 그렇지만 노동운동의 역사에서 대부분은 시대를 선도하는 운동의 전략을 바탕으로 대중을 이끌기보다 당면한 투쟁의 폭발과 대응에 머무를 수밖에 없는 현실적 한계를 보여 왔다. 이러한 과정을 통해 새로운 비전을 제시하고 시대를 선도하는 운동의 전략을 바탕으로 조직력 확장과 영향력 증가를 쟁취해 낼 수 있다면 더 바랄 것이 무엇이 있겠는가. 다만 노동운동의 버거운 현실은 변함없이 객관적 정세와 주체적 조건이 녹록지 않다는 점을 되새기게 한다.

노동운동의 전략을 검토할 때 전문가들과 연구자들은 노동운동사를 통해 다음과 같이 다양한 관점에서 분석하게 된다.

"노동운동은 노동자계급의 자주적 조직을 통한 활동과 투쟁을 기본 동력으로 하는 것이므로 자본주의 체제와 제도에 대한 지양, 개혁, 개선을 끊임없이 추구한다는 관점이다. 객관적 조건과 주체적 역량에 따라 노동운동의 성격과 목표는 변화한다. 노동운동은 침체와 고양, 패배와 승리, 정체와 비약의 과정을 거치면서 발전하며, 급격한 발전의 시기와 완만한 발전의 시기가 교차한다. 노동운동은 자본주의 발전단계와 구조, 자본 축적 양식의 변화, 사회적 계급관계, 정치체제와 권력구조 등 경제적·정치적·사회적 조건에 따라 그 전개 양상을 달리하게 된다. 노동운동은 구체적으로 조직, 활동과 투쟁, 이념과 노선, 정치역량 또는 정치세력화를 통해 발전한다. 조직 측면에서는 조직률, 조직구조와 체계, 조직적 통일, 현장 조직의 기능과 역할 등이 분석의 주요 대상이 되어야 한다. 노동운동은 단순히 노동자의 지위 향상을 위한 조직적인 활동이라는 차원을 넘어 한국 사회의 발전을 추진하는 데서 주요한 기능과 역할을 수행하게 된다."[33]

현재 한국 노동조합운동의 발전 전략에서 중요하게 제기되고 있는 주요 과제들은 다음과 같이 집약될 수 있다. 조직 측면에서는 산업별노조 체제 구축과 노동조합 조직의 확대 강화, 조직의 체계와 운영 혁신, 노동운동 전선의 통일이 중요한 과제이다.

33 김금수, 김유선, 신원철, (1999). 「한국노동운동사 대토론회, 제6부 민주화 전환기의 노동운동 (1987~ 현재)」, 고려대 노동문제연구소.

활동 전략 측면에서는 경제와 정치투쟁의 통일, 공동·통일 전략의 강화, 올바른 전술 운용 등이 핵심과제이다. 특히 투쟁 측면에서 자본과 권력의 통제·지배에 대한 대응이 매우 중요하다. 노동운동의 이념·노선의 정립과 정치세력화의 확대·강화 등도 노동운동의 발전 전략에서 빼놓을 수 없는 주요 과제가 되고 있다.

모든 운동이 비슷하지만 위기 극복을 위해 가장 먼저 살펴보아야 하는 건 노동운동이 나아가야 할 방향을 제대로 잡는 일이다. 운동 이념과 운동 기조이기도 하고, '노동운동은 앞으로 어떤 사회를 어떻게 만들 것인가'를 밝혀야 하는 것이다. 주·객관적 조건이 급변하는 상황에서 운동 방향의 새로운 정립은 아무리 강조해도 지나치지 않다.

조직 문제에 관한 기업별노조 극복의 대안으로 산별노조 건설에 대한 논의가 모아진 건 당연한 순서인 듯하다. 연대의 확장을 기본으로 하는 노동운동의 발전을 위해 기업별노조 체제의 한계를 극복하는 새로운 노동운동 방향의 정립이라는 의미를 가진다. 전반적인 사회개혁과 정책 제도 개선, 노동운동의 정치세력화를 실현할 수 있는 경로이기 때문이다.

이를 실현하기 위해서 산별노조 건설을 위한 범조직적 결의가 굳게 정립되어야 하고, 현재까지 산별노조 운동의 성과와 한계에 대한 역사적 평가에 기반하여 구체적인 전환 계획이 수립되고 실천되어야 한다. 특히 우리 사회의 최대 모순이라 할 수 있는 문제의 해결, 곧 다수이면서 사회적 약자인 비정규직 노동자, 중소영세기업 노동자, 이주 노동자들의 문제를 노동운동이 끌어안아야 한다.

이밖에 운동 노선의 재정비, 조직 운영의 혁신, 노동자 정치세력화에도 실천적인 노력을 기울여야 한다. 가장 중요한 건 노동운동의 주체인 노동자 대중의 의견을 하나로 모으는 일이며, 이를 위해 광범위한 현장 토론과 실천 활동이 뒤따라야 한다.

노동운동의 미래를 걱정하는 사람도 많고 위기의 책임을 묻는 준엄한 질책도 있다. 다만 그 누구도 '노동이 희망'이라는 명제에는 이론이 없을 듯하다. 오랜 역사를 거치며 노동운동이 성공과 실패, 도약과 침체를 거듭하면서 발전해 왔다는 역사 발전 법칙의 확신에서 나오는 결론이기 때문이다. 주어진 상황을 냉정하게 진단하고 처음부터 다시 시작한다는 각오로 과감한 자기혁신을 통해 새로운 도약을 치열하게 모색하는 것이 당장의 실천 과제임을 재확인해 주는 것이다.

한국의 노동운동사는 자본주의의 도입과 함께 형성된 초기 노동자 운동에서부터 일제 강점기, 해방과 분단, 민주화와 산업화, IMF 사태 이후 현재에 이르기까지 다양한 역사적 변화를 겪어왔다. 각각의 시기마다 노동자들은 자신들의 권리를 쟁취하기 위해 조직적이고 집단적인 활동을 전개해왔으며, 이를 통해 노동조건의 개선과 권리 신장을 이루어냈다.

현재 산업 전환과 디지털 대전환이라는 이중 전환의 시기에 직면한 한국 노동운동은 급변하는 정세와 내적 조건에 걸맞은 전략과 전술, 내부 혁신을 통해 노동자 운동의 전망을 세워내야 하는 과제를 안고 있다. 선배 노동자들의 희생과 헌신으로 이루어진 역사적 과정과 축적된 역량을 바탕으로 성과는 계승하고 한계는 극복하며 양적, 질적 성장을 도모해야 한다.

유명한 역사가 카(Edward Hallett Carr)는 '역사란 무엇인가'라는 질문을 스스로에게 던지고 "역사란 역사가와 그 사실들의 지속적인 상호작용의 과정, 현재와 과거의 끊임없는 대화"라고 대답한 바 있다. 현재와 과거의 끊임없는 대화를 통해 미래를 설계하고 개척해 나가는 것이 역사가 우리에게 주는 지혜이다. 그렇다면 현재의 한국 노동운동은 과거의 교훈을 바탕으로 현재의 객관적 정세와 주체적 조건을 바탕으로 산적한 과제를 어떤 전략으로 해결해 나갈 것인가? 이러한 전략적 접근에 있어서 새롭게 등장한 ESG는 새로운 돌파구의 역할을 할 것인가? 아니면 방해물로 작용할 것인가?

먼저 ESG 등장에 따른 기업환경과 노동운동의 조건을 살펴보면, 대부분의 기업에서 노사가 ESG에 공동으로 역할을 할 필요성에 대해 공감할 것이다. 다만 일부 기업에서 ESG에 역행하는 기업 활동이 만연되어 있을 때는 노사 간의 대립적 요인으로 작용할 수도 있다. 이런 경우 노동조합의 대응 전략의 선택에 따른 유발 요인이 아니라, ESG 실천을 미루거나 워싱을 통해 사실과 다른 기업 홍보에 열을 올릴 경우 사회적 지탄의 대상이 될 가능성이 농후해졌다. 그런 시대가 되었다.

기업환경의 변화에 역행하는 기업이 도태되는 게 시대적 대세가 되었으므로 필연적으로 따르는 책임이 기업에 돌아가겠지만 이로 인한 피해는 선량한 구성원들이 지게 되는 문제가 발생할 수 있다. 소수이겠지만 이런 기업의 경우에 노동조합이 존재한다면 전략적 선택은 좀 더 자명해진다. 노동조합이 선도적으로 ESG 실천을 요구하고 역할을 하는 것이 가능하다면 기업과 구성원 모두에게 순기능적으로 작용하겠지만 그렇지 않을 경우에 그 기업의 미래는 암울해질 수밖에 없는 시대이다.

객관적 정세의 변화에 맞는 노동조합의 전략적 선택이 그

만큼 중요한 시대가 되었다. 노동조합의 사회적 연대가 피해 갈 수 없는 시대적 요구라면 노동조합이 민주적 절차와 자주적 결정을 통해 전략적 결정을 내리고 실천해야 생존과 발전이 가능해지는 시대가 되었다고 볼 수 있다.

이중 전환의 시기, 무엇을 할 것인가?

4차 산업혁명기를 맞아 기업과 노동조합은 산업 전환, 디지털 전환이라는 이중 전환의 시기에 직면하고 있다. 감당하기 버거울 정도의 혁신적 기술변화가 주는 임팩트와 정의로운 전환으로부터 기업과 노동조합은 자유로울 수 없는 시대를 맞이했다.

특히 디지털 전환은 디지털 기술을 통해 전통적인 사회구조를 혁신하는 사물인터넷(IoT), 클라우드 컴퓨팅, 인공지능(AI), 빅데이터를 활용한 정보통신(ICT)의 혁신을 통해 기존 서비스와 운영 방식의 변화를 말한다. DX(디지털 전환의 줄임말)가 몰고 온 사회구조의 혁신적 변화는 현시대를 살아가는 사람들의 삶의 방식에 커다란 전환을 초래할 것이다. 향후 AI의 발전으로 인해 겪게 될 인류 미래의 향방은 가늠이 되지 않을 정도이다.

ESG는 이러한 이중 전환의 시대에 지속 가능한 에너지 체제 전환을 위한 노력과 함께 노동조합에 '정의로운 전환' 이슈를 제기하고 있다. 노사관계 분야의 석학 리처드 하이만(Richard Hyman)은 "노동조합은 본질적으로 '정의의 칼'과 '기득권적 이해'의 양면성을 가지고 있다. 21세기 노동조합이 직면한 도전 가운데 하나는 '정의의 칼' 역할을 부활하고 새롭게 정의하는 것이다."라는 과제를 던져 주었다.

아울러 미국에서 제기되고 추진되는 '그린 뉴딜'에도 주목할 필요가 있다. 탄소 배출 목표를 설정하고 통제와 법령에 기반한 환경 규제를 받지만 한계 속에서도 성장을 지향하기 때문에 이마저도 쉽지 않은 것이 각국의 현실이다. 그린 뉴딜은 기후위기와 경제문제를 동시에 해결하기 위해 친환경산업에 대규모 투자를 하는 것을 말한다.

그린 뉴딜은 토머스 프리드먼(Thomas Loren Friedman)의 『코드 그린: 뜨겁고 평평하고 붐비는 세계』에서 처음 언급한 용어이다. 온실가스 감축이라는 단순 구호가 아닌 경제, 산업, 시스템의 변화를 꾀하여 기후변화 문제를 푸는 동시에 사회적 불평등을 없애는 것이다. 그린 뉴딜 운동은 단시간에 사람들의 주목을 받으며 미디어 등에서도 많은 관심을 받고 있다. 우리나라에서도 2019년 1월 정부가 '녹색 뉴딜 사업 추진 방안'을 발표했다. 각 정당들도 총선 등에서 탄소 배출 저감 정책과 재생에너지 산업 지원 방안 등을 주요 공약으로 발표했다.

이러한 복잡한 논의 지형에서 노동운동의 전략 수립은 불가피하게 자본의 변화와 객관적 정세에 대한 엄밀한 분석을 토대로 진행해야 한다.

기업들은 1953년 하워드 보웬(Howard Bowen)이 제시한 'CSR (기업의 사회적 책임)'에 주목했으며, 또한 2003년 피터 드러커(Peter F. Drucker)가 제기한 "세계적인 질병, 기아, 전쟁 등 사회적 문제를 해결하는 과정에서 큰 사업 기회가 생긴다."라는 주장과 2011년 마이클 포터(Michael Eugene Porter)가 제안한 CSV(공유가치 창출)에도 주목해 왔다. 그러나 노동조합 운동은 기업들의 거시적 변화에 미온적으로 대응했고, 일부에서 제기된 USR(노동조합의 사회적 책임)에 소극적으로 주목하다 현재의 ESG와 맞닥뜨렸다.

노동운동이 전통적으로 자신의 주된 임무인 노동자들의 권리 쟁취에 힘을 쓰기에도 당장 한계가 있는데 사회적으로 시선을 돌려 역량을 배분한나는 것에 쉽게 동의하지 못할 수 있다. 노동자들의 권리를 신장시키는 것이 사회적 역할이므로 굳이

별도의 사회적 책임을 감당하기에는 현실이 너무 버겁다는 고충도 있을 것이다. 심지어 노동자들의 현실과 위험성은 도외시하고 환경의 관점에서 급격한 산업의 축소와 전환을 강요하는 것에 대한 반감까지 생길 수 있다. 그러나 점점 심화하는 기후위기의 현실은 그리 녹록지 않은 상황이다. 기후위기에 대응하기 위한 산업 전환 과정에서 불가피하게 '퇴장산업'이 될 화석연료 기반의 에너지 생산, 내연기관 자동차 등에 대한 대책이 시급하다. 아울러 탄소 배출이 많은 철강, 시멘트, 화학산업도 변화가 불가피하다. 반면에 재생에너지 산업 등의 녹색산업은 새로운 성장의 기회를 맞이하게 된다. 점점 심각해지고 있는 기후위기 대응을 위해 화석연료 산업에서 녹색산업으로의 전환 과정은 선택이 아니라 필수가 되었다. 이제 기후위기에서 탈출하기 위한 전 세계적 노력에 대해 눈감으며 퇴장할 것인가 아니면 적극적으로 동참할 것인가 선택의 기로에 서 있는 것이 냉정한 현실이다.

앞으로 노동과 기후 연대는 불가피해 보인다. 기후 운동 또한 노동시장의 주요 이슈를 배제하고 지속 가능한 에너지 체제 전환이나 산업 전환은 저항에 직면할 수밖에 없다는 사실을 주목해야 한다. 국제노총(ITUC)은 "죽은 행성에서는 일자리도 없다."라는 표현으로 노동운동이 수용하는 탄소중립과 기후 운동이 인정하는 일자리의 중요성이 상호 수용되는 것이 필요함을 강조하고 있다.

사회·기술 체제의 전환에 대한 의견의 합치를 만들면서 교통, 에너지, 농업 등의 전환을 이끌어 낸 유럽에서는 이러한 실천 경험을 토대로 '사회·기술체제 전환 이론'으로 이론적 정립까지 된 상황이며 후발국들의 주목을 받고 있다. 우리 노동운동도 사회변화에 따른 국제적 흐름을 외면하고는 생존이 위태로울 수 있다. 사회·기술 체제의 급격한 변화에 따른 노동운동의 새로운 전략적 대응의 필요성이 강조될 수밖에 없다.

전통적인 입장에서 노동조합의 핵심 기능은 조합원들의 이해를 대변하는 역할이다. 여기에 추가로 다양한 이해관계자들을 향한 사회적 책임도 고려하는 전략적 선택은 시대의 요구에 부응하는 핵심 전술이 될 수 있다. 노동조합이 기업의 담장 안에 갇혀 조합원의 이해만 소극적으로 대변하는 역할에서 벗어나, 사회적 약자들에 대한 돌봄과 공동체의 발전을 민주적으로 추동해 내고 혁신의 의제들을 제기하는 것이 무엇보다 필요한 시대를 맞이하고 있기 때문이다. 이는 노동조합이 양적 도약에 걸맞은 질적 성장을 도모하는 것이고 노조의 사회적 책임을 다하는 방법이다.

과거의 역사를 돌이켜 보면 노동운동은 각각의 시대적 요구에 부응한 사회적 책임을 다하기 위해 노력해 왔다. 예컨대, 일제 강점기에 노동운동의 사회적 책임은 노동계급 형성과 독립운동으로, 산업 발전기와 민주화 이행기에는 노동조건 향상과 민주화운동으로 그 역할을 감당했다.

그동안 노동운동은 한국 사회의 주요 변곡점마다 의미 있는 역할을 수행하면서 현대에 이르렀다. 노동조합에 대한 탄압과 억제가 강화되는 반노조주의 시기에는 조직 보존에 치중하기도 했지만 민주주의의 성장과 함께 합법적, 제도적 발전 과정을 거쳐 왔다. '이기는 자가 살아남는 것'이 아니라 '살아남는 자가 이기는 것'이라는 측면에서 보면 살아남기 위한 전략이 절실했던 시대를 겪어낸 것이다.

지난 시기의 노동운동이 다양한 악조건을 이겨내며 조직적 발전과 일시적 후퇴를 거듭했지만 큰 틀에서는 양적 성장과 질적 강화의 양 측면에서 노동자들의 권리 신장에 기여했다. 이러한 산업 발전과 민주화 과정의 노동권 신장 역할에서 더 나아가 이제는 사회의 주요 주체로서 좀 더 확장된 자기 역할을 요구받고 있는 것이 현재의 상황이다. 노동운동 내외부의 변화 요구와

질적 강화가 필요한 상황에서 ESG와 정의로운 전환이 새로운 운동의 전략으로 등장한 것은 필연으로 보인다.

박태주는 『노동의 미래』에서 기후 재난은 아래로 흐르기 때문에 비정규직이나 하청노동자와 같은 취약한 노동자와 여성, 청년, 이주민과 빈곤계층을 노린다고 주장한다. 따라서 노동과 기후의 연대를 강조하며 그린뉴딜동맹을 제시한다. 녹색전환과 생태전환이 사회적 불평등 해소를 같이 추구하며 노동이 중심이 되어 운동의 파편화를 극복하고 시너지 효과를 살리는 방안을 제시하고 있어 시사하는 바가 크다.

최근의 기후정의비상행동, 탄소중립위원회해체공대위, 기후정의동맹 등을 노동-기후 연대 활동으로 들고 있다. 이와 같이 그린 뉴딜과 같은 다수가 추구하는 '녹색성장론'의 한계를 지적하며, 유럽 등에서는 '탈성장론'이 제기되고 있어 주목된다. 이에 따르면 성장을 멈추지 않으면 기후위기는 막을 수 없고 자본주의 하에서 녹색성장론은 허구에 불과하다고 한다.

이렇게 양립하는 주장에 대해 이문호는 『노동의 미래』에서 절충적인 '성찰적 성장론'을 제기한다. 현재까지 성장이 가져온 사회생태학적 문제들을 성찰하면서 단순히 탈성장론에 빠지지 말고 새로운 성장 담론의 형성이 필요하다는 주장이다.

성장의 속도 조절, 양적 성장에서 질적 성장으로의 방향 전환, 사회적 대화의 과정을 거치는 민주적 성장이 필요하다는 주장이다. 이상과 같은 여러 가지 전략적 논의들이 진행되고 있기 때문에 이제 공개적이고 활발한 토론과 의견을 모으는 과정이 매우 중요해졌다.

노동사회단체와 환경단체 등이 함께 모여 에너지산업 공공성과 지속 가능한 에너지 체제 전환을 기조로 2005년에 출범한 '에너지노동사회네트워크'는 20여 년에 이르는 시간 동안 노동과 환경의 연대를 의미하는 적녹연대(赤綠連帶)의 현장을 지켜왔다. 노동과 환경의 연대 측면에서 세계적 추세와 연혁을 살펴보더라도 굉장히 빠른 출발이었다. 다만 노동운동과 환경운동의 결합이 쉽지 않은 과정을 거쳐야 한다는 점과 대중들의 수용성이 활동의 영역을 제한했던 것이 확산의 제약 요인으로 작용했다. 현재에 이르러 기후 문제에 대한 노동운동의 접근이 좀 더 심각성을 인식하고 자신들의 문제로 받아들이려는 노력이 증가하고 있는 점은 고무적이라고 할 수 있다.

그렇다면 노동운동은 현재의 시점에서 어떤 선택을 할 것인가? 이 묵직한 주제를 제기하며 고대 그리스의 이솝우화에서 교훈을 찾고자 한다. 떠돌이 생활을 하던 한 사람이 고향에 돌아와 자신이 로도스섬[34]에서 멀리뛰기 시합에 나가 엄청난 거리를 뛰었다고 자랑하자 친구들이 "여기가 로도스다, 여기서 뛰어봐."라며 실제 증명할 것을 요구했다는 이야기다. 이 이야기의 교훈은 현실에서 거창한 이야기를 할 때 중요한 것은 당장 무엇을 실천할 것인가를 보여주어야 한다는 것이다.

이 이야기는 2천 년이 지난 후 인문학자 에라스무스(Desiderius Erasmus)의 『격언집』에 인용되었는데 "여기가 로도스다, 여기서 뛰어라."이다. 뒤이어 독일의 철학자 헤겔(Georg Wilhelm Friedrich Hegel)은 나름대로 재해석해서 1820년 출간된 『법철학』 서문에서 "여기 장미가 있다. 여기서 춤추어라."라는 표현으로 발전시킨다. 십자가 위에 놓인 장미는 고통을 상징한다. 기쁨의 상징인 장미를 고통의 증표인 십자가와 결합함으로써 우리가 살아가는 로도스에서는 고통 없이 현실의 기쁨이 있을 수 없음을 강조하고 있다. 노동운동이 발 딛고 있는 이중 전환의 현실은 고통을 수반하지만 정의로운 전환이라는 장미는 그렇게 꽃 피울 수 있지 않을까?

ESG와 정의로운 전환의 실천이 노동운동의 새로운 전략으로 등장했다면 구체적 실천 계획이 입안되고 확산되는 것이 중

34 그리스 남동쪽에 있는 작은 섬

요하다. 노동의 권리를 주장하고 노동의 윤리를 실천하는 건 동전의 앞뒷면이나 수레의 양 바퀴와 같이 노동의 존재 이유와 사회적 정당성을 강화하게 될 것이다. 국제노총과 각국의 총연합단체들이 거대한 변화의 소용돌이에서 이러한 전략적 흐름을 탔다는 것은 의미 있는 선택이다. 자본 세계의 변화에 걸맞은 노동조합 운동의 선택과 집중이 돋보이는 변화이다. 이러한 세계적 추세에 발맞추어 한국 노동운동의 총연합단체들인 민주노총과 한국노총도 이중 전환의 시기를 맞아 ESG 실천 등 시대적 요구에 부응하는 것이 노동의 미래를 설계하고 개척해 나가는 데 있어서 중요한 선택이 될 것이다.

총연합단체의 변화에 발맞추어 산업별 노동조합의 조직체인 산별노조와 산별연맹 그리고 단위노조에 이르기까지 노동조합은 피해 갈 수 없는 선택의 기로에 서게 될 것으로 보인다. 다양한 현장 토론을 통해 구체적인 전환 전략과 실천 계획이 수립되고 활발한 사업이 집행되기를 바란다.

피할 수 없는 선택이라면 바로 그곳이 '로도스'이며 '여기서' 뛰어야 하는 것이다. 노동조합 운동과 노동자들의 지속가능성을 위한 선택지가 분명하다면 역량의 집중이 뒤따라야 하며, 미래를 위한 도약의 전략은 바로 이 지점에서 힘찬 출발이 되어야 한다. 지속 가능한 전략을 위한 ESG 실천은 이제 전술적 선택이 아니고 필수가 되었다.

참고문헌

구해근, (2022). 「한국노동계급의 형성」

토머스 프리드먼(Thomas Loren Friedman), (2021). 「코드 그린: 뜨겁고 평평하고 붐비는 세계」

강충호, 김경자, 박태주 외, (2024). 「노동의 미래」

6장.

한국 사회의 변화

대한민국은 빠르게 성장해 선진국에 진입한 독보적인 사례이지만 압축적 성장은 예상치 못한 불균형적인 이해 대변 등 해결해야 할 사회적 과제를 낳았다. 이번 장에서는 대한민국 사회가 겪고 있는 문제들이 무엇이고 원인은 어디에서 기인하는지, 그리고 ESG를 통해 어떻게 치유할지를 살펴본다.

경제성장과 노동기본권의 불균형

한국사회의 과제를 이해하기 위해서는 한국이 지나온 현대사를 살펴볼 필요가 있다. 특히 한국의 경제 발전은 세계적인 주목을 받아 왔다. 독일이 2차 세계대전에서 패배한 이후 라인강의 기적으로 비유되는 경제성장을 이룬 것처럼 한국도 1950년 한국전쟁 이후 한강의 기적이라는 경제성장을 이루었다.

예를 들어 한국의 1960년 1인당 실질 국민총소득은 133만 원에 불과했지만 2023년 3703만 원으로 28배나 증가하였고,

원조를 받던 경제 규모는 세계 10위권으로 높아졌다. 한국경제는 자동차, 반도체, 전자, 조선 등 주요 제조업 분야에서 두각을 드러내면서 경쟁력을 갖게 되었고 중진국의 함정에서도 벗어나 선진국에 진입하였다.

그림 6-1. 연도별 1인당 실질국민총소득

한국의 눈부신 경제성장은 한국 사람들이 가지고 있는 부지런한 기질도 영향이 있었으나 박정희 정부 시절 국가 코포라티즘(state corporatism)을 바탕으로 하는 수출주도형 계획경제와 가격경쟁력 확보를 위한 저임금 생산구조가 적지 않은 기여를 했다. 당시만 하더라도 기술력이 없던 저부가가치의 한국제품은 낮은 가격경쟁력이 무기였으며 이를 위해 저임금은 불가피했다. 1953년 한국전쟁 종료 이후 1961년부터 1979년까지 이어진 박정희 정부와 1980년부터 1992년까지 이어진 전두환·

노태우 정부는 저임금 수출주도형 한국경제를 위해 노동자의 기본 권리를 일부 제한하였다.

정치적 민주화와 작업장 민주주의의 조화

한국의 정치적 민주화는 1987년을 계기로 급진전했다. 정치적 민주주의에 대한 국민적 갈망은 민주주의가 경제성장과 동행하지 못했던 이유가 컸다. 잘 알려진 것처럼 한국의 정치적 민주화는 1980년 5·18민주화운동을 시작으로 해서 1987년 박종철, 이한열 사망 사건이 계기가 된 6·10민주항쟁으로 이어졌고 국민들은 직선제를 쟁취했다.

중요한 점은 정치적 민주주의가 산업현장의 민주주의에도 긍정적인 영향을 미쳤다는 사실이다. 1987년 정치적 자유, 시민권 보장 등을 요구한 6월 항쟁은 그 해 7~8월 노동자대투쟁으로 이어졌고, 정치적으로 6.29선언을 통해 국민이 직접 대통령을 선출할 권리를 획득했던 것처럼, 공장에서는 노동자의 손으로 직접 대표를 선출한 노동조합이 만들어져 사용자와 대등한 교섭을 할 수 있게 되었다. 1987년부터 1992년까지 연평균 협약 임금 인상률은 13.5%로 교섭을 통한 저임금 구조가 빠르게 개선되었으며, 노동조합의 임금 인상 효과는 노동조합이 없는 무노조 사업장으로 확대되는 순기능도 가지고 있었다.

1987년 전국적으로 수천 개의 노동조합이 새로 만들어지면서 이른바 노동의 87체제로 불리는 남성 중심의 대공장·정규직 노동조합 그룹이 형성되었고 1989년에는 노동조합 조직률이 18.9%에 이르는 등 노동조합 활동이 매우 활발했다. 1970년대에 노조 조직률이 20%를 넘는 경우가 있었으나 일부를 제외하고 자주적인 활동을 하는 노동조합으로 보기는 어려웠기 때문에 1989년 19%의 노조 조직률은 시사하는 바가 컸다. 이 당시 만들어진 노동조합은 지금까지도 한국 노조운동의 주요 동력으로 이어지고 있다. 이때까지만 하더라도 노동조합은 작업장 민주주의를 사회 전체적으로 확산시킬 수 있는 조직으로 인식되었으나 시간이 흐를수록 노동조합은 소속 조합원의 고용과 처우개선만을 요구하는 집단으로 인식되었다.

위기의 한국사회

대한민국은 빠르게 선진국을 추격하며 현재의 지위에 올랐지만 지금 누리고 있는 성장의 과실을 얼마나 공정하게 배분할 수 있을지 알 수 없다. 대한민국을 둘러싼 복합 위기가 해결되지 못한 채 누적되고 있기 때문이다.

노동시장 이중구조

노동시장 이중구조는 서로 다른 노동조건과 특징을 가진 노동시장이 동시에 존재함을 의미한다. 노동시장은 상품시장과 달리 보이지 않는 노동력과 임금이 거래되는 시장인데 상대적으로 고용이 안정되고 임금과 복리후생이 높은 소수의 정규직, 대기업, 공공부문의 노동시장이 존재하는 반면, 임금이 낮고 고용이 불안한 비정규직 혹은 소규모 영세사업장 부문의 노동시장도 존재한다.

노동시장 이중구조가 문제로 주목받는 이유는 양질의 노동시장과 그렇지 않은 노동시장 간의 차별 때문이다. 차별이 없는 노동시장이라면 누구든 수용하겠으나 우리의 노동시장은 이유 없는 차별이 많다. 노동시장이 이중으로 구조화되어 이동이 원활하지 않을수록 소득 양극화에도 영향을 미친다. 양질의 일자리를 가진 사람들은 필사적으로 현재의 일자리를 지키려 하고 그렇지 못한 사람들은 현재를 일자리에 불만을 갖게 된다. 노동시장의 이중구조가 견고해질수록 사회적 갈등은 커지기 마련이며, 이를 해결해야 할 정부의 압력도 커질 수 있다.

노동시장 이중구조는 대기업·공공부문과 중소영세기업 간, 정규직과 비정규직 간 임금 격차를 통해 쉽게 확인할 수 있다.

기업 규모에 따른 임금 격차는 기업의 지불 능력과 함께 노동조합을 통한 교섭력이 다르기 때문이다. 기업 규모가 큰 기업일수록 지불 능력과 노조의 교섭력도 높지만 기업 규모가 작을수록 지불 능력도 높지 않고 노동조합도 조직되어 있지 않다. 2022년 300인 미만 중소기업 종사자의 시간 당 임금은 300인 이상 대기업 종사자 시간 당 임금의 56.8%에 그친 것으로 나타났다.

정규직과 비정규직의 임금 차이는 근속기간이 주된 원인이다. 정규직은 고용이 안정적이어서 근속이 길어질수록 임금이 인상되지만 비정규직은 고용 기간이 제한되어 있어 안정적인 임금 인상이 어렵다. 일정 기간에 도달하게 되면 다른 일자리로 옮기기 때문에 급여도 최저임금 수준에 머물러 있는 경우가 많다. 비정규직의 임금은 매년 최저임금의 인상으로 점진적으로 오르고 있기는 하다. 그럼에도 2022년 비정규직의 시간 당 임금은 정규직의 70.6%에 머물러 있었다.

일자리의 이동도 쉽지 않다. 대기업에서 중소기업으로 이동한 경우는 60.2%였으나 중소기업에서 대기업으로 이동하는 경우는 11.8%에 불과했다.

노동시장 내 소득 격차 확대는 다른 사회적 문제에도 영향을 미친다. 안정적인 직장에 진입하기 위해 개인 간 경쟁이 치열해지고 상위권 대학 입학을 위한 교육 낭비도 너무 심하다. 안정적인 직장에 들어가서도 경쟁은 계속되어 직장을 그만두지 않기 위해 여성들은 결혼과 출산을 미루기도 한다.

노동시장 이중구조를 완화하기 위해서는 정규직-비정규직 간 고용 차별을 줄이고 대기업-중소기업 간 임금 격차를 줄이기 위해서는 동일노동 동일임금, 초기업 교섭, 성별 임금 공시, 성과공유제 확대 등의 정책을 실행해야 하지만 아직까지 실천은 더딘 상황이다.

불평등

한국은 경제적으로 선진국에 진입했지만 다양한 불안정 요소를 다수 가지고 있다. 그중 하나가 커지고 있는 소득 불평등이다. 불평등과 관련한 시급한 과제 중 하나는 노동시장 내 소득 격차를 완화하는 것인데, <그림 6-2>처럼 한국은 지난 30년 동안 자산 격차는 유지되어 왔으나 소득 격차는 1995년 이후 크게 확대된 것으로 나타났다.

불평등은 비단 한국만의 문제는 아니지만 다른 선진국에 비해 대한민국의 불평등 수준은 더 심각한 수준이다. 우리나라 불평등 정도를 선진국과 비교해 본 <표 6-1>은 유럽 주요 국가와

그림 6-2. 한국의 소득격차와 자산격차

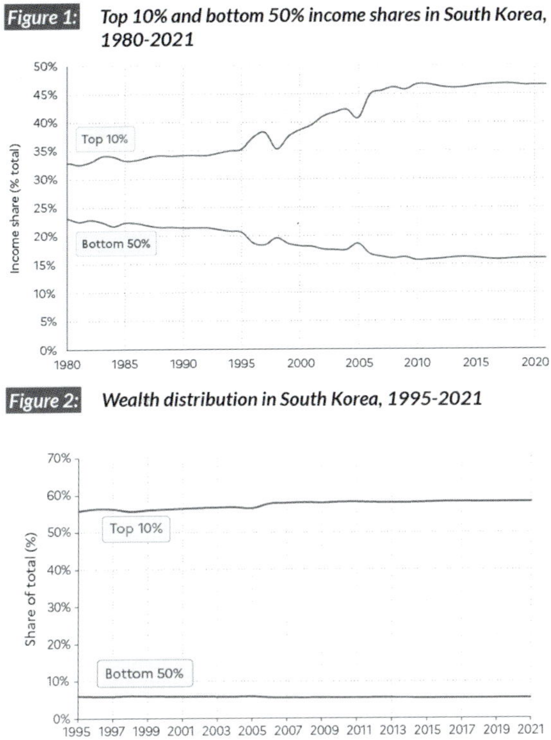

자료: World Inequality Database

한국, 미국, 일본의 불평등 수준을 비교한 것으로, 가장 불평등이 심각한 나라는 미국이었으며 대한민국은 그 다음으로 불평등한 국가로 분류된다. 스웨덴, 독일, 스페인 등 유럽 주요 국가들은 물론 일본보다도 불평등 수준이 높은 것으로 나타났다(조돈문, 2024). <표 6-1>에서 중위소득 40%의 비중은 한국이 비국보다도 낮아 중간층의 소득도 두텁지 않은 것으로 나타났다. 이러한 결과는 우리나라가 빠른 경제성장과 함께 불평등도 늘어난 것으로 해석할 수 있다.

표 6-1. 주요 국가의 불평등 수준

	소득				상위10%/하위50%
	상위10%	중위40%	하위50%	최상위1%	
스웨덴	30.8%	45.4%	23.8%	10.5%	6.47배
독일	37.1%	43.9%	19.0%	12.8%	9.74배
스페인	34.5%	44.4%	21.1%	12.4%	8.18배
미국	45.5%	42.2%	13.3%	18.8%	17.02배
한국	46.5%	37.5%	16.0%	14.7%	14.45배
일본	44.9%	38.3%	16.8%	13.1%	13.43배

자료: 세계불평등데이터베이스, 조돈문(2024).

고령화와 저출생

한국은 역동적인 국가이지만 지속적인 발전을 위해서는 해결해야 할 과제가 적지 않다. 그동안 한국은 석유, 광물 등 자원이 부족한 상황에서도 양질의 인력과 우수한 교육을 통해 빠른 추격을 시도했다. 그럼에도 기술 발달로 인해 다른 후발국가에 비해 기술력이 월등하게 앞서 있지 않으며, 앞서 있는 분야도 후발국의 추격 속도가 빨라 긴장감을 늦출 수 없는 상황이다.

한국이 지속적으로 성장하기 위해서는 정치적으로는 민주주의를 신장하여 고른 기회를 부여하고, 노동시장 내 이유 없는 격차(차별)을 줄이며, 우수한 인력을 양성하는 것이지만 여기에는 다양한 도전들이 존재한다. 가장 시급한 과제가 급속한 고령화와 저출생에 대한 대책을 마련하는 일이다. 한국의 인구 구조는 점진적인 변화가 아닌 수준으로 치닫고 있어 변화에 대한 대응이 어려울 수 있다. 고령화는 그 자체가 문제라기보다 고령인구의 행복한 노후와 젊은 세대의 부양 능력 등과 관련되어 있다. 안타깝게도 우리나라는 OECD 국가 중 노인빈곤율이 압도적으로 높은 나라이다. 10명 중 4명이 빈곤 수준에 있기 때문이다. 많은 노령 인구가 일하기를 원하지만 아직 노인을 위한 체계적인 일자리 제공이 되지 않는 실정이다.

한국의 합계출산율은 0.7명으로 이미 세계 최저 수준에 도달했다. 낮은 출생 비율은 사회 전체적인 경쟁문화, 노동시장 이중구조 등과 긴밀하게 관련되어 있다. 치열한 경쟁을 겪은 젊은 세대들은 자식이 경쟁하는 사회에 사는 것을 원치 않아 다자녀를 갖는 것을 꺼린다. 경쟁하는 구조에서 자식을 제대로 키우기 위해서는 많은 자원이 투입되어야 하는데, 그러다 보면 부모의 삶도 여유가 없어질 수 있어 출산을 꺼리는 원인이 된다. 낮은 출생률은 장기적으로 생산에 참여하는 생산 가능 인구의 부족과 노인들의 사회적 혜택을 젊은 세대가 부담해야 하는 문제로 이어질 수 있어 사회적 해결이 시급한 과제이다.

고령화와 저출생은 분명히 위협 요소이지만 이를 막을 수 있는 방법이 당장 있는 것은 아니다. 인구 구조는 노동시장과 직접 관련되어 있으며 고령사회, 저출생사회에 걸맞은 새로운 노동시장 모델을 발굴할 필요가 있다. 고령화가 되더라도 각자가 가지고 있는 역량을 신체적, 정신적 상황에 맞추어 발휘하도록 하고 출생률을 높이는 정책을 마련하는 한편 여성 노동력의 활용을 질적으로 개선할 수 있는 계기를 마련할 필요도 있다.

늘어나는 노동법 사각지대

사회적으로 법적, 제도적 보호를 받지 못하는 사각지대의 노동자들이 늘어나는 것도 도전적 과제 중 하나이다. 이미 취업자 중 절반 이상인 52%는 노동관계법의 보호를 온전히 받지 못하는 노동자들이다. 노동법 사각지대에 대한 관심은 이들이 노동시장 이중구조의 당사자이기 때문이다. 미조직, 취약 노동자는 대체로 비정규직에 해당하며 이해를 대변해 줄 노동조합이 조직되어 있지 않고 5인 미만 사업장 등 중소 영세기업에 속해 있을 가능성이 높다.

노동법 사각지대에 있는 사람들을 살펴보면 첫째, 특수고용 노동자들이다. 특수고용 노동자는 완전한 자영업자가 아님에도 고용관계법의 적용에서는 완전히 배제되어 보호받지 못한다. 근로기준법에 따른 휴일이나 휴가, 근로시간과 최저임금 등의 적용을 받지 못하며 노조법 상 노동3권도 법원 판결에 의해서만 인정받고 있어 인건비 절감 효과 및 노조 리스크 절감 측면에서 특수고용 노동자에 대한 활용은 꾸준히 늘고 있다. 2018년 한국노동연구원의 규모 추정에 따르면 특수고용 노동자의 규모는 그 당시에 221만 명에 이르렀다.

특수고용 노동자의 활용과 관련한 또 다른 쟁점은 오분류(misclassification)이다. 원래는 근로계약을 체결하고 활용해야 할 임금노동자인데, 위·수탁 계약 등 도급 노동자로 잘못 활용하는 사례를 의미한다.

오분류는 노동자의 권리를 크게 침해당하는 결과를 초래하기 때문에 제도적 보완이 필요하지만 아직 마땅한 방안이 없는 상태이다. 제도적 미비함이 이어지는 동안 법원에서는 특수고용으로 고용되었던 위탁 집배원, 운동 트레이너, 방송국 아나운서 등을 임금노동자로 판단했다.

둘째, 플랫폼 노동 종사자 및 프리랜서도 노동관계법의 사각지대에 놓여 있다. 플랫폼 노동 종사자는 특수고용 노동자와 마찬가지로 근로계약이 아닌 1인 도급(위·수탁)계약을 체결한다.

플랫폼 노동 종사자와 특수고용 노동자의 차이는 일이 이루어지는 방식이 다르다는 점이다. 특수고용 노동자의 경우 사람에 의한 업무 지시와 감독이 이루어지지만 플랫폼 노동 종사자는 앱 등 플랫폼에 접속하여 컴퓨터 알고리즘에 의해 작업의 배당 및 평가가 이루어진다. 또 다른 차이는 특수고용 노동자는 주로 계약 당사자(보통은 회사)를 위해 일하지만 플랫폼 노동 종사자는 플랫폼 기업이 플랫폼 노동 종사자와 고객을 중개하는 방식이다.

특수고용 노동자와 마찬가지로 플랫폼 노동 종사자는 노동관계법의 적용을 받지 못한다. 유일하게 대리운전·퀵서비스·음식배달 등 일부 직종에 한해 산재보험의 의무가입이 적용된다.

<그림 6-3>처럼 플랫폼 노동은 일이 관리되는 방식은 임금노동이나 특수고용 노동과 다르지만 타인을 고용하지 않고 업무지시를 받는 노무 제공자로서의 특성은 임금노동자와 동일하다. 이러한 까닭에 특수고용 노동자와 마찬가지로 플랫폼 노동 종사자를 위한 별도의 보호법이 필요하다는 공감대가 넓게

■ 그림 6-3. 임금노동·특수고용노동·플랫폼 노동의 노동 과정

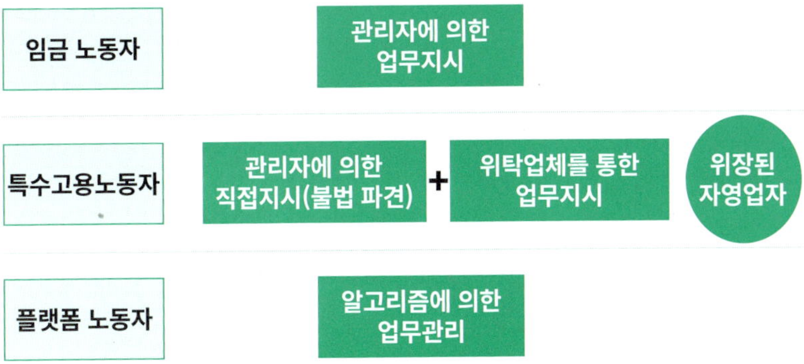

형성되어 있다.

플랫폼·프리랜서 노동과 관련한 또 다른 쟁점은 플랫폼 노동 종사자와 플랫폼 기업 간 계약의 불공정성이다. 현재 플랫폼 노동 종사자는 플랫폼 기업이 제시한 계약에 동의해야만 일을 할 수 있는 구조인데, 수수료 등 보수와 배상 책임 등 중요 내용이 포함된 계약서는 플랫폼 기업에 의해 일방적으로 작성되고 있어 형평성 문제가 제기되고 있다. 정부가 공정한 계약을 위해 표준계약서를 개발했으나 의무 적용이 아닌 선택 적용이라 활용이 크지는 않다. 이러한 이유로 유럽연합은 2024년 플랫폼법을 제정하여 플랫폼과 프리랜서의 노동권을 보호하고 알고리즘에 의한 인권침해 여부도 모니터링하기로 했다.

플랫폼 노동 종사자의 규모 역시 특수고용 노동자와 마찬가지

로 꾸준히 늘고 있다. 한국고용정보원의 규모 추정에 따르면, 플랫폼 노동 종사자의 규모는 2021년 22만 명에서 2022년 60만 명으로 증가한 데 이어 2023년 79만 명으로 계속 늘고 있어 플랫폼 노동에 대한 보호 방안이 지속적으로 제기될 것으로 전망된다.

셋째, 5인 미만 사업장에 고용된 노동자는 313만 명으로 이들 역시 노동관계법 보호의 사각지대에 놓여 있다. 5인 미만 사업장의 노동자들은 노동법 상 해고를 당하더라도 구제신청을 할 수 없을 뿐만 아니라 주 52시간의 근로시간 제한을 받지 않는다. 연장근무를 하더라고 가산임금 50% 추가 적용을 받지 못하며 연차유급휴가를 보장받지 못한다.

5인 미만 사업장 노동자는 상대적으로 저임금 등 열악한 노동조건이기 때문에 보호가 더 강화되어야 하지만 현실에서는 소상공인의 경영 어려움과 지불 능력을 고려해 노동관계법의 핵심 보호 조항인 고용과 임금에 있어 예외로 하는 등 현실적인 어려움이 큰 상황이다.

넷째, 초단시간 노동자는 4주 평균하여 주당 15시간 미만으로 일하는 노동자를 의미한다. 초단시간 노동자는 최근 고용이 크게 증가하고 있는 것으로 나타난다. 초단시간 노동자가 늘어난 주요 원인은 파트타임인 단시간 노동을 초단시간으로 쪼개

기 계약으로 전환하거나 애초부터 8시간 노동을 초단시간 노동으로 쪼개 여러 명과 계약하기 때문이다.

사용자가 초단시간 노동자를 선호하는 가장 큰 이유는 인건비를 줄일 수 있기 때문이다. 초단시간 노동자는 퇴직금, 주휴수당 및 연차유급휴가를 지급하지 않아도 법적으로 문제가 되지 않는다. 이러한 이유로 소규모 자영업자들은 기존 파트타임(단시간)을 쪼개서 인건비를 최소화하고 있다. 2016년 국가인권위원회 연구에 따르면, 일부 사용자들은 초단시간 노동자의 법적 적용 제외를 악용하여 1개의 8시간 일자리를 쪼개서 몇 개의 초단시간 일자리를 만들기도 한 것으로 나타났다.

초단시간 근무는 비단 민간 부문만이 아니다. 공공부문에서도 적지 않게 활용되고 있는데, 초단시간으로 계약할 경우 2년을 초과하여 고용하더라도 정규직 전환 의무가 없기 때문이다[35]. 초단시간 노동자가 급증하자, 2017년에 국가인권위원회는 초단시간과 관련하여 근로기준법 등을 개정하여 유급연차휴가 인정, 퇴직금 적용, 2년 이상 활용 시 고용 의무, 고용보험 적용, 전일제 노동자와의 차별 금지, 사회보험 적용 등을 권고하기도 했다.

35 울산광역시 동구청은 초단시간 노동을 근절하기 위해 모든 계약을 15시간 이상으로 계약하여 초단시간 노동자의 차별을 줄이는 노력을 한 바 있으며 이를 계기로 공공부문의 최저노동 기준이 제기되기도 했다.

불평등과 노동시장 이중구조의 원인

기업별 교섭의 한계

1987년을 계기로 조직된 노동조합은 조합원의 고용안정과 임금인상 등 노동조건을 개선하는 역할을 했다. 하지만 기업별로 조직된 노동조합은 시간이 흐를수록 기업 내 노동자의 권리 향상에만 집중하는 모습을 보였다. 결과적으로 규모가 큰 대기업 집단이나 안정적인 지위를 가지고 있는 공공기관의 노동조합은 교섭력을 바탕으로 높은 수준의 처우와 고용안정을 확보했으나 중소기업과 영세사업장의 노동자들은 노동조합을 조직하기도 힘들었다.

정규직의 노동조합 조직률은 17.8%인데 비해 비정규직의 노조 조직률은 3.3%에 머물러 있다. 이러다 보니 정규직 중 저임금 비율은 7%인데 비해 비정규직 중 저임금 노동자의 비율은 34%나 된다. 그 결과 대기업 및 공공 부문과 중소영세기업 간 임금 등 소득 격차는 점점 커지게 되었다.

기업별 교섭이 여전히 교섭방식의 대세는 맞지만 초기업 수준의 교섭도 조금씩 나타나고 있다. 대리운전 등 플랫폼 노동처럼 새로운 직종은 직종별 초기업 교섭을 하고 있으며, 화물, 건설, 학교비정규직 등도 공동교섭과 같은 초기업 교섭을 추진하고 있다.

직무 가치를 반영하지 않는 임금 구조

대기업과 중소기업은 지불 능력에 차이가 있고 기업의 규모가 달라지면 생산성에도 차이가 있을 수 있어 노동자에 대한 보상이 달라지는 건 이해할 수 있다. 그러나 우리나라는 대중소기업 간 보상 격차가 지나치게 큰 편이다.

대기업이나 중소기업 등 기업 규모와 무관하게 비슷한 일을 하고 있다면 비슷한 수준의 보상을 받아야 정당하지만 실제 우리나라 임금체계는 그러하지 못하다. 가장 큰 이유는 직무 가치에 대한 비교평가를 통해 임금 수준이 결정되는 게 아니라 기업의 지불 능력이나 근속 등이 우선 고려되기 때문이다.

직무 중심의 임금체계가 발달해 온 선진국과 달리 우리나라는 호봉제 임금체계가 대부분이었다. 호봉급 임금체계는 성장하는 만큼 임금을 올려 실질소득을 보장하기에 적합한 임금체계였고, 기업문화도 내부노동시장 특징이 강한 정규직 고용, 평생직장이 보편적이었기 때문에 그동안 연공급형 임금체계가 자연스럽게 확산했다. 그러나 2000년대 이후 수량적 유연화가 강조되면서 비정규직이 크게 늘었고 이들은 근속기간이 짧고 퇴사 후 새로 직장을 구하더라도 이전 경력을 인정받지 못했다.

지금까지의 이러한 관행은 곧 닥칠 생산인구 부족과 젊은 세대가 주목하는 임금 공정성 등에 영향을 받아 직무급 요소가 강조되는 임금체계로 변화할 가능성이 있다.

원청기업의 모호한 사용자 책임

원청은 하청 노동자의 처우와 노동조건에 대한 실질적인 영향력이 있으므로 사용자로서의 책임이 있지만 법적으로 원청은 하청에 대한 책임을 가지고 있지 않다. 현재까지 근로자지위 확인소송이나 불법파견과 같은 법원의 판결이 있을 때 원청이 사용자로서 책임을 지는 방식이었으나 이는 매우 제한적인 사례였다.

원청이 직접 교섭에 나서거나 노동조건에 대한 책임을 지지 않기 때문에 협력사의 노동조건 개선은 매우 제한적인 수준에서 이루어질 수밖에 없고, 이는 원·하청 간 임금 및 노동조건의 차이로 나타났다.

이에 대해 유럽은 기업의 사회적 책임으로 공급망 실사 지침(CSDDD)을 제정하였으며, 우리나라도 노조법 제2조의 지속적인 개정 시도로 원청의 영향력에 비례한 책임 논의가 가속화되고 있어 원청기업의 사회적 책임은 계속 확대될 가능성이 크다.

노동조합의 축소된 사회연대

노동시장 이중구조는 노동조합에도 비판의 화살로 돌아오고 있다. 노동조합이 직접 노동시장의 이중구조를 만들지 않았고, 그런 의도도 가지고 있지 않았으나 결과적으로 노동조합의 노력이 주로 대기업과 공공부문 노동자에게 수혜로 돌아갔기 때문에 보수언론은 노동조합의 과도한 요구와 이기적인 활동이 노동시장의 이중구조에 기여했다고 비판했다.

노동시장 이중구조의 원인으로 노동조합이 지목된 것에 대해 노동조합 입장에서는 억울할 수 있으나 그동안 노동조합이 조합원이 아닌 노동자를 위한 연대활동을 사회적 기대만큼 수행하지 못한 탓도 있었다. 1998년 외환위기를 거치면서 기업의 구조조정이 빈번해지고 비정규직이 늘어나게 되었는데, 그 과정에서 정규직 중심의 노동조합은 정규직인 조합원의 고용안정을 위해 비정규직의 고용에 소극적인 목소리를 냈다.

공공부문에서도 비정규직 노동자의 정규직화 정책에 대해 정규직 노동자들은 총액인건비를 이유로 비정규직의 처우개선이 정규직이 가져갈 파이를 줄일 수 있다고 판단하여 반대하기도 했다. 대표적인 사례가 인천국제공항공사로, 당시 정규직 노동조합은 공정성을 이유로 보안 검색 직종 비정규직의 정규직화에 반대했으나 정작 1심 법원은 보안 검색 비정규직에 대해 불법 판정을 내려 보안 검색 비정규직은 처음부터 정규직 고용이 타당했음을 증명했다.

사회적 과제와 ESG의 역할

한국은 빠른 경제성장을 거듭해 왔지만 더 이상 저임금에 의존한 생산으로는 성장을 지속할 수 없는 선진국의 단계에 접어들었다. 그러나 한국은 도전적인 과제가 많은데도 경제의 역동성이 사라져 신산업 발굴이 지체되고 있으며 산업과 노동 간 대립관계는 여전하다. 나아가 한국의 생산 가능 인구는 점점 줄어들지만 이에 대한 뾰족한 대책은 아직 없는 상태이다. 직업훈련을 통해 양질의 인력을 양성하고 청년, 여성, 고령 인구의 노동시장 참가율을 높여야 하는 과제를 가지고 있지만 노동시장 이중구조가 이를 가로막고 있기도 하다.

한국사회의 다양한 문제를 기업이 모두 해결할 수는 없다. 그러나 이해관계자의 협력을 강조하는 ESG경영은 자발적인 노력을 통해 저임금 일자리를 개선하고 노동시장 내 임금 격차를 줄이는 역할을 할 수 있다. 예를 들어 초기업 수준의 교섭을 통해 산업 내 노동조건의 평준화를 시도할 수 있으며, 비정규직의 활용을 최대한 자제하고 양질의 일자리를 제공하는 것도 모범적인 실천 사례가 될 수 있다.

임금체계의 변화도 적극 모색할 필요가 있다. 동일노동 동일임금을 실현하여 기업 규모나 고용 형태에 관계 없이 비슷한 일을 하면 비슷한 임금을 받을 수 있다면 지금과 같은 불필요한 경쟁이 완화되고 노동시장 소득 격차도 줄어들 수 있기 때문이다.

노동시장의 소득격차를 완화하고 불평등을 줄이기 위해서는 노동조합을 통한 부의 재분배도 적극 활용할 필요가 있다. 소규모 사업장과 비정규직 노동자에게도 단체교섭의 결과를 적용할 수 있는 초기업 교섭을 노사정이 함께 고민해야 한다.

ESG가 만능 해결사는 아니지만 적어도 노동시장 과제인 임금 격차를 해소하는 데 기여할 수 있는 건 분명하다. 기업의 사회적 책임을 통해 직원들의 노동기본권을 보장하는 것도 중요하지만 중소기업과 상생하는 경영을 통해 협력사 직원들의 처우개선을 유도할 수 있기 때문이다. 기업 간 투명한 거래와 적정 임금의 지급은 협력사 노동자의 노동조건 결정에 중요한 기준이 될 수 있다. 이와 관련하여 EU에서는 인권과 환경에 대한 공급망 실사 지침(Corporate Sustainability Due Dilligence Directive, CSDDD)을 제정하여 자회사 및 협력기업의 인권,

노동, 환경 관련 사회적 책임을 모니터링하고 사회적 책임을 다하기 위한 활동 계획을 수립했다.

ESG경영을 통한 자발적인 노력이 노동시장의 과제들을 해결할 수 있도록 정부의 적극적인 지원도 필요하다. 기관이 ESG 지표를 바탕으로 투자를 확대할 수 있도록 독려하고, ESG경영 공시를 통해 기업이 자발적으로 대한민국의 누적된 문제를 해결하는 데 노력할 수 있도록 당근과 채찍의 양면 전략이 필요하다. 노사 모두가 ESG를 실천할 수 있도록 지원프로그램을 확대하는 것도 정부가 감당해야 할 과제이다.

참고문헌

뉴스투데이, [ESG경영 사례분석] 신한금융, 녹색금융 실적 3년 새 6.6배 급증… 진옥동 회장의 '일류 신한' 동력 평가, 2024.08.30.

이원보, (2005). 「한국 노동운동사 100년의 기록」, 한국노동사회연구소.

3 PART

노동과 ESG 사례

이호동·김현식·오학수·정흥준

7장.

국내 사례

국내 기업은 2000년대 초반부터 기업의 사회적 책임(CSR)이라는 이름으로 비재무적 영역의 활동을 시작하였다. 그 이후 지금의 ESG 활동까지 빠른 시간내에 많은 기업들이 필요한 활동을 실행하고 있는 상황이다. 하지만, 아직은 노동조합 주도의 ESG 활동 내지는 회사와 노동조합이 협력하여 시너지를 창출하는 ESG 활동이 본격화되지는 않고 있다. 그럼에도 불구하고 선도적으로 노사 ESG 활동을 실행하는 국내 사례들이 확인되고 있다. 그 중에서 대표적인 사례를 이번 장에서 소개하여 노사 ESG 활동을 도입하고자 하는 기업과 노동조합이 참고할 수 있도록 하고자 한다.[35]

사례 1: LG전자(주) 노동조합의 USR 활동

LG전자(주)(대표이사 조주완)와 노동조합(위원장 하영규)에서는 노사(勞使)관계라는 용어 대신에 '노경(勞經)관계'라는 용어

35 7장에서 소개되는 사례들은 각 기업/기관 및 노동조합의 관계자 인터뷰를 통하여 정리된 것입니다.

를 사용하고 있다. 노동자와 사용자라는 수직적 의미가 아닌, '근로자와 경영자'라는 수평적이고 대등한 관계를 유지·발전시키겠다는 의지의 표현이다.

LG전자(주) 노동조합은 수평적이고 대등한 노경관계를 구축해 온 경험을 바탕으로 2010년부터 회사와 함께 '사회 책임 노경관계'를 설정하여 기존 '조합원'에 대한 가치 제공을 유지하면서 널리 '이해관계자'들을 위한 가치 창출을 노(勞)와 경(經)이 공동의 목표로 삼기 시작했다. 이의 실현을 위해 노동조합의 사회적 책임인 USR(Union Social Responsibility) 활동을 자체적으로 추진하면서, 지금까지 회사의 ESG경영과의 시너지 창출 활동을 지속해 가고 있다.

그림 7-1. LG전자㈜ 노동조합의 USR[36]

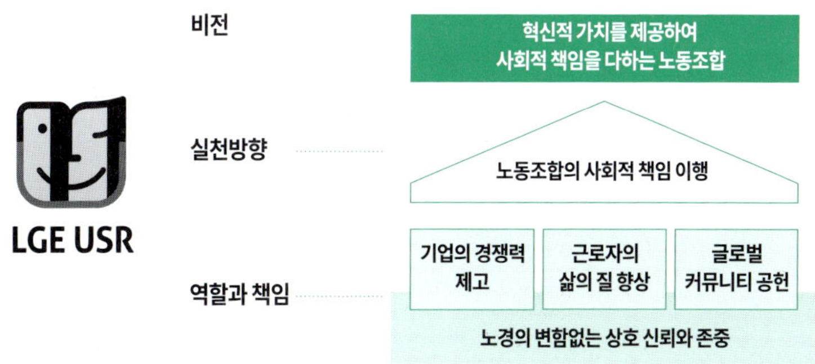

36 LG전자(주) 노동조합 외부 발표자료

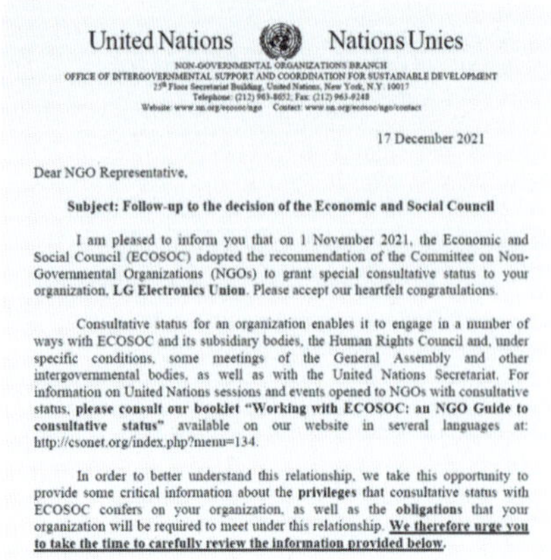

United Nations Nations Unies

NON-GOVERNMENTAL ORGANIZATIONS BRANCH
OFFICE OF INTERGOVERNMENTAL SUPPORT AND COORDINATION FOR SUSTAINABLE DEVELOPMENT
25th Floor Secretariat Building, United Nations, New York, N.Y. 10017
Telephone: (212) 963-8652; Fax: (212) 963-9248
Website: www.un.org/ecosoc/ngo Contact: www.un.org/ecosoc/ngo/contact

17 December 2021

Dear NGO Representative,

Subject: Follow-up to the decision of the Economic and Social Council

I am pleased to inform you that on 1 November 2021, the Economic and Social Council (ECOSOC) adopted the recommendation of the Committee on Non-Governmental Organizations (NGOs) to grant special consultative status to your organization, **LG Electronics Union**. Please accept our heartfelt congratulations.

Consultative status for an organization enables it to engage in a number of ways with ECOSOC and its subsidiary bodies, the Human Rights Council and, under specific conditions, some meetings of the General Assembly and other intergovernmental bodies, as well as with the United Nations Secretariat. For information on United Nations sessions and events opened to NGOs with consultative status, **please consult our booklet "Working with ECOSOC: an NGO Guide to consultative status"** available on our website in several languages at: http://csonet.org/index.php?menu=134.

In order to better understand this relationship, we take this opportunity to provide some critical information about the **privileges** that consultative status with ECOSOC confers on your organization, as well as the **obligations** that your organization will be required to meet under this relationship. **We therefore urge you to take the time to carefully review the information provided below.**

그림 7-2. UN특별협의지위 획득

그림 7-3. USR Convention 행사 정기 개최

그림 7-4. 해외법인과 함께 하는 Gobal Volunteer Day

LG전자㈜ 노동조합의 USR 활동은 ISO26000(국제표준화기구가 2010년 11월 1일 발표한 사회적 책임에 대한 가이던스)에서 제시하는 7대 핵심 주제인 지배구조·노동·인권·환경·공정 관행·소비자·지역사회의 영역에서 노동조합이 할 수 있는 활동들을 선정하여 실행하고 있다. 그중에서 가장 대표적인 활동은 지배구조 영역에서의 '노조의 투명한 운영' 활동이다. 노조 운영의 투명성을 제고하기 위해 노동조합의 회계 시스템을 전산화하고 조합비의 사용 내역을 조합원들에게 투명하게 공개하는 활동을 강화함으로써 이해관계자들의 신뢰 제고에 기여할 수 있는 활동을 실행한 것이

다. 그 과정에서 노동조합의 윤리규범을 선포하고 노조 간부(집행부)들의 솔선수범 활동도 병행했다. 이와 함께 협력사 육성을 위한 활동으로 가장 눈에 띄는 게 협력사 자녀 장학금 지급 활동이다. 우리 조합원을 챙기는 것만으로도 충분한 것이 대부분 노동조합의 입장이지만, 회사의 성과 창출에 중요한 역할을 하는 협력사에 대한 지원이 결국은 우리 조합원들의 권익 향상에 기여한다는 인식 하에 협력사 직원 자녀 대상의 장학금 지급 사업을 시작한 것이다.(협력사 직원 만족 → 협력사 경쟁력 제고 → 자사 경영성과 창출 제고 → 조합원 분배 증가) 지역사회 영역에서는 '다문화 가정 지원 사업'이 가장 대표적이다. 한국 사회에서 다문화 이슈는 이제 우리 모두가 관심을 가져야 하는 중요한 이슈이다. LG전자㈜ 노동조합은 각 지방 공장의 지부 차원의 발굴과 추천을 통해 다문화 가정 구성원들의 고향 방문을 지원하는 활동을 전개하고 있다. 한국 사회에서 비중이 높아지고 있고 우리 모두의 관심이 필요한 다문화 가정 이슈에 대해 선제적으로 지원하고 있는 것이다. 우리 사회의 건강한 구성원으로 다문화 가정이 자리 잡을 수 있도록 작은 도움이라도 주고 싶다는 조합원들의 의지와 생각이 실천으로 연결되고 있다.

LG전자(주) 노동조합의 이러한 노력은 국제사회로부터 인정받고 있다. 2022년 12월에 '유엔 경제사회이사회 (UN ECOSOC)'로부터 '특별 협의 지위(Special Consultative Status)'를 획득한 것이다. 국내 단위노동조합 가운데 해당 협의 지위를 획득한 최초의 사례로서, '특별 협의 지위'는 유엔 경제사회이사회 활동 분야 중 특정 영역에서 역량을 갖춘 단체에 부여되며, 해당 단체는 유엔 경제사회이사회와 산하 기관에서 주최·주관하는 회의나 행사에 참여해 의견을 제시할 수 있는 권한을 부여받게 된다. LG전자(주) 노동조합은 2010년부터 15년 동안 진행한 USR 활동 성과를 바탕으로 2025년부터는 UN SDGs 목표 달성에 기여하겠다는 목표로 활동을 고도화하여 'USR 3.0' 활동을 준비하고 있다.

사례 2: (주)LX판토스의 근로자 위원들과 함께하는 안전관리 활동

1977년 창립 이래 (주)LX판토스(대표이사 이용호)는 국경과 언어, 문화의 장벽을 넘어 고객 가치를 위해 끊임없이 도전하는 종합물류기업으로 성장해 왔다. 전 세계 380여 개 네트워크를 기반으로 1만여 명 이상의 물류 전문가들이 전자, 건설, 유통 등의 다양한 산업군에서 13,000여 개의 국내외 고객사를 대상으로 종합물류 서비스를 제공하며 글로벌 물류기업의 위상을 다지고 있으며, 그 과정에서 'Value Deliverer for People and the Planet'의 비전 아래 ESG경영 및 정도경영을 적극적으로 추진하고 있다. 2023년 11월 유엔글로벌 콤팩트(UN Global Compact)에 가입해 인권, 노동, 환경, 반부패 등 10대 원칙을 경영 전략에 내재화하는 한편, 인류 공동의 목표인 지속가능발전목표(UN Sustainable Development Goals)에 대한 지지 및 동참을 선언하고 이를 경영 전반에 반영하고 있다.

그림 7-5. 산업안전보건위원회 회의 장면

그림 7-6. 골든타임 키퍼 임명장 수여식

그림 7-7. 협력사 대상 중대재해처벌법 설명회

일련의 ESG경영을 추진하는 과정에서 회사는 임직원들의 건강과 안전이 가장 중요하다고 인식하고 있으며, 이를 위해 근로

자를 대표하는 근로자위원들과 함께 긴밀히 협력하면서 전략적인 안전관리 활동을 전개하고 있다. 지난 2020~2023년 코로나19 팬데믹 상황에서는 직원뿐 아니라 직원의 가족, 나아가 협력사 직원들의 감염 예방을 위해 마스크, 진단키트 등을 배포했다.

근로자위원들과의 협력은 근로자위원들과 경영진이 참여하는 "산업안전보건위원회" 운영을 통해 체계적이고 지속적으로 이루어지고 있다. 산업안전보건법의 규정에 따라 모든 기업이 운영하는 산업안전보건위원회 활동이지만, LX판토스는 특히 자사 직원들에 대한 안전보건 활동을 넘어 건강한 기업 생태계를 만드는 데 기여하는 역할로 확대하고 있는 것이 주목할 만하다.

자사 직원들 대상의 안전보건 활동 중 대표적인 사례는 이태원 참사를 계기로 심폐소생술 교육의 전 직원 의무 시행, 골든타임 키퍼 제도의 운영(심폐소생술 교육 우수 수료자 대상으로 단위 조직별 긴급 대응 책임자로서 역할 수행, 2024년 기준 본사에 15명 활동 중)을 지속하고 있다. 또한 사업장 전수조사를 통해 이동식 도크계단, 차량버팀목, 비상용품 지급 등이 필요하다는 현장 의견을 수렴하고 근로자위원들과 논의 결정하는 활동을 했으며, 근로자위원들의 건의를 받아들여 100여 명에 달하는 안전관리 인원에 대한 수당을 신설하여 매월 고정 급여로 지급하고 있다. 국내 물류기업에서는 보기 드문 안전관리 수당 지급은 안전에 대한 노사의 관심과 협력의 결과물이라고 평가할 수 있다. 최근에는 분기별로 각종 현장 불시 점검 활동을 동영상으로 촬영하여 근로자위원들과 공유하고 안전예방 대책을 논의하는 활동을 전개하고 있다. 시청각 자료를 활용한 논의를 통해 좀 더 현실감 있고, 해외 사업장의 안전관리에도 소기의 성과를 창출하고 있는 것으로 평가받고 있다.

직원들에 대한 내부적인 안전보건 활동을 진행하는 과정에서 근로자위원들의 건의를 받아들여 2022년부터는 협력사 직원들의 안전보건을 위한 활동으로 확대하게 되었다. 안전사고 유형(추락, 끼임, 부딪힘 등)별로 특화된 교육용 영상을 제작하여 협력사에 제공하고 있으며, 기업경영의 중요한 이슈로 부각한 "중대재해처벌법"과 관련하여 규모가 영세한 협력사의 취약 가능성을 반영하여 협력사 대상의 "중대재해처벌법 지원 세미나"를 개최하기도 했다. 또한 협력사 대표와의 현장 동행 점검 및 개별간담회를 실시하여 애로사항을 청취하고 안전 관련 물품 등을 무상지원하고 있으며, 협력사의 안전 관련 법정 구비 서류에 대해서도 점검 및 지도를 해주고 있다.

회사 관계자는 "현재까지는 국내 노사 안전관리의 기본 틀을 탄탄히 한 시점으로, 향후 근로자위원들과 함께 협력사와 해외 사업장의 안전관리에 더욱 집중할 계획이다."라고 말했다.

사례 3: 대한산업안전협회의 재능 기부형 지역사회 기여활동

대한산업안전협회(회장 임무송)는 창립 60주년의 오랜 역사와 전통을 자랑하는 우리나라 최초의 안전전문기관으로 약 1,300명의 기술사, 지도사를 비롯한 국가기술 자격과 석·박사 등 학위를 보유한 임직원들이 중앙회를 포함한 전국 50개 기관의 네트워크를 통해 중대산업재해 및 중대시민재해 예방을 위한 종합 서비스를 제공하는 비영리기관으로, 민간 재해 예방 기관 중 유일한 공직 유관단체로 자리 잡고 있다.

협회는 회원으로 등록된 약 3,000명의 산업현장 안전보건관리책임자, 관리감독자, 안전관리자, 안전보건관리담당자 등과 함께 30,000여 개의 고객사를 대상으로 '안전으로 행복한 세상'을 만드는 미션을 수행하고 있다. 그 과정에서 협회는 노사(노동조합 위원장 김덕용)가 협력하여 창사 이래 다양한 지역 행사 후원 및 사회 기부 활동을 지속해서 전개해 왔으며, 더욱 체계적인 사회 공헌 활동의 필요성을 인식하고 2015년 노사가 함께 사회공헌위원회를 출범시켰다. 특히 안전문화의 확산이라는 협회의 미션을 반영하고, 협회와 노동조합 구성원들의 역량과 재능을 활용한 대한민국 사회의 안전문화 구축에 기여하는 활동에 집중한다는 점이 주목할 만하다.

구성원들의 안전 분야 재능과 역량을 활용하여 매년 지역사회의 취약계층을 위해 주거 공간 안전 점검을 실시하고 필요한 개선 조치를 해주는 활동을 지속적으로 전개하고 있다. 28개의 전국 조직 단위에서 자발적으로 전개하는 활동을 통해 매년 30여 개의 시설에 대한 안전 점검과 조

그림 7-8. 사회공헌위원회 출범식(2015년)

그림 7-9. 취약계층 거주시설 안전 점검 및 시설 미화 봉사

그림 7-10. 전문인 손해배상 책임보험 가입

치가 이루어지고 있으며, 특히 취약계층이 거주하는 복지시설 내 난방시설과 전기기구 등에 대한 안전 점검 및 개선 조치는 그들의 생명과 재산을 직접 보호함으로써 사회적 비용을 줄일 수 있는 활동으로서 의미가 있다.

예를 들어, 충청북도에서 운영하고 있는 장애인복지시설(숭덕원)과 2015년 업무협약을 체결한 후 정기적으로 노사가 함께 방문하여 시설 안전 점검, 근로자의 안전교육, 물품 기부 등의 활동을 꾸준히 제공하고 있으며, 2023년에는 수혜기관으로부터 감사패를 전달받기도 했다.

아울러 노사가 운영하는 사회공헌위원회는 기후변화 등으로 인한 전세계적인 재난 상황에도 관심을 기울이며 필요한 역할을 다하고 있다. 2023년 2월 튀르키예 남부와 시리아를 강타한 규모 7.8의 강진 발생으로 인한 피해 복구를 위해 노사가 함께 사회공헌위원회 의결 결과에 따라 사회공헌기금 중 2천만 원을 지진 피해 가족 및 아동의 인도적 지원을 위해 비영리기관인 세이브더칠드런 코리아에 기탁했다. 이러한 사회 공헌 활동을 위해 대한산업안전협회는 매년 노사협의로 적립된 2억원의 기금을 사회공헌위원회의 논의와 결정을 통해 전국 지회에서 집행하고 있다.

노사가 오랫동안 사회 공헌 활동을 진행할 수 있었던 건 안전 역량을 보유한 협회 직원들의 역할과 헌신이 있었기에 가능했다. 이런 관점에서 협회와 노동조합은 직원(조합원)의 안정적인 직장 생활과 업무 수행을 위한 지원 활동에도 긴밀하게 협력하고 있다. 대표적인 사례로 '전문인 배상 책임보험 가입'이다. 대한산업안전협회는 산업안전보건법을 기준으로 사업장의 안전사고 예방을 위한 업무(안전관리, 안전교육, 안전검사, 각종 컨설팅 등 전반적인 업무)를 수행하고 있다. 사업장에서 중대재해가 발생하거나, 안전 조치 준수 여부를 두고 고객과의 마찰로 인한 민원이 발생할 경우 직원들이 어려움을 겪을 가능성이 높다. 협회와 노동조합은 직원 보호를 위해 법적 소송, 손해배상 등 분쟁 발생 시 보호 장치의 일환으로 전문인 배상책임보험에 2022년부터 가입하고 있다. 보험 지원 제도를 활용해 소송으로 인한 직원들의 경제적 부담 경감과 민원 발생에 대한 심적 부담을 줄여줌으로써 직원 만족도 제고 및 업무 몰입도와 서비스 만족도에도 기여할 수 있게 되었다.

향후에도 협회와 노동조합은 협회의 미션과 ESG 활동 목표를 달성해 가는 과정에서 긴밀한 노사협력을 바탕으로 가장 잘 기여할 수 있는 분야에 집중하는 전략적인 활동을 전개해 나갈 계획이라고 한다.

사례 4: 한국환경공단의 'ESG위원회' 노동조합 참여

한국환경공단(이사장 안병옥)은 2010년 1월에 설립된 환경부 산하 공공기관이며, 한국환경공단법에 의거하여 환경오염 방지, 환경개선, 자원순환 촉진 및 기후위기 대응을 위한 온실가스 감축 사업 등 이해관계자들의 관심이 급격하게 높아지고 있는 탄소중립사회로의 이행을 효과적으로 추진함으로써 환경 친화적 국가 발전에 이바지하기 위해 최선을 다하고 있는 기관이다.

한국환경공단은 '지속 가능한 미래, 함께 누리는 환경'이라는 기관의 미션을 달성하는 과정에서 탄소중립이라는 시대적 요구를 실현하고, 그 과정에서 축적된 환경 노하우를 해외로 확산시키는 환경 전문기관이 되고자 노력하고 있다. 그 과정에서 탄소중립 대기 청정 실현, 건강한 물 환경 조성, 순환경제 사회로의 전환, 안전하고 지속 가능한 생활환경 조성 등의 4대 핵심 사업을 추진하고 있으며, 이의 효과적 실행을 위한 일련의 ESG 활동을 추진하고 있다. 그 과정에서 노사협력을 바탕으로 한 노사 ESG 파트너십을 핵심적으로 활용하고 있다.[37]

한국환경공단은 '근로자 참관제'를 통해 근로자 대표인 노동조합(위원장 이재학)의 공단 의사 결정 과정 참여를 보장하기

37 2023년에 한국경영자총협회 주관의 노사협력대상 우수상 수상.

그림 7-11. 노사가 함께하는 ESG위원회 출범

그림 7-12. 전국여성노동자대회 평등상 수상

그림 7-13. 조합원 의견 반영을 위한 적극적 소통 활동

위한 노력을 기울여 왔다. 의사 결정 과정의 투명성과 책임성을 제고하고, 직원의 경영 참여 기회를 보장하기 위해 노동조합의 대표인 참관인에게는 이사와 동일하게 안건을 사전에 공유해 설명하고 있으며, 참관인은 이사회에 참석하여 의결 과정을 모니터링하고, 필요시 의장으로부터 발언권을 얻어 참여할 수 있는 제도를 운영하고 있다.

이와 병행하여 공단이 ESG경영의 효과적 실행을 위해 운영하는 'ESG위원회'에도 노동조합 대표자가 참여하고 있다. 한국환경공단은 2022년 5월 '한국환경공단 미래 발전을 위한 위원회 운영 지침'을 마련한 뒤, 미래 발전을 지향하고 경영관리의 효율성 제고를 위해 ESG, 탄소중립, 디지털 전환의 3대 분야 위원회를 구성하였다. 그리고 2024년 1월에는 글로벌화와 융합화를 전문적으로 자문할 글로벌·융합위원회를 신설하고, 논의 분야가 유사한 ESG위원회와 탄소중립위원회를 통합했다. 각 분야별 위원회는 공동위원장 체제 아래 외부 약 10명, 내부 약 8명 등 내·외부 전문가로 다양한 시각과 전문성이 반영될 수 있도록 구성하여 연 6회(통합위 2회 포함)로 정기 개최하고 있으며, 위원회의 논의 내용을 이사회에 보고하고 회의 영상을 직원들과 공유하는 등 공단의 ESG경영의 핵심적 논의 기구 역할을 수행하고 있다.

공단이 운영하는 3대 분야 위원회 중 ESG·탄소중립 위원회에 내부위원(당연직)으로 노동조합 대표인 위원장이 2023년부터 참여하고 있다. 현재는 공단의 미션인 '탄소중립 사회'를 위한 환경(E) 영역의 과제 중심으로 논의되는 위원회 참여를 통해 공단의 ESG 목표 달성 과정에서 파트너로서의 역할을 수행하고 있으며, 향후 사회(S) 분야와 지배구조(G) 분야의 과제들에 대한 위원회 차원의 논의가 필요하다는 제안을 노동조합이 공단에 전달했다. 지금까지 위원회를 통해 한국환경공단 ESG경영 성과 검토 및 중장기 전략 개선 방안, 국제표준 인증 및 글로벌 경쟁력 강화 방안, ESG경영 전략과제 이행 모니터링 및 개선 방안 등을 외부위원들과 같이 논의했다.

공단의 ESG위원회 참여와 별개로 노동조합과 공단의 대표자는 월 1회 정기 차담회를 진행하여 공단의 운영과 관련한 다양한 이슈들에 대해 의견을 나누고 있기도 하다. 최근에 도입한 노동이사제의 빠른 정착을 위한 역할 확대 등을 논의하고 있다. 2024년 현재 노동조합 자체적으로도 필요한 ESG 활동을 실행하고 있으며, 더 체계적인 활동을 위한 전략을 수립하고 있는 중이다. 40%에 육박하는 여성 조합원 비율에 비례하는 여성 간부 비율의 확대[38], 공단 소재 인천 지역의 소상공인 경제 활성화를 위한 노동조합 차원의 지역 식당 이용 캠페인, 지역 취약계층 지원을 위한 지속적인 후원 활동 등은 향후에도 노동조합이 지속적으로 실행할 ESG 활동이다. 또한 UN SDGs 등 UN SDGs 등 이해관계자들이 기대하는 노동조합의 역할을 다하기 위한 전략 과제를 추가로 도출하여 활동을 고도화할 계획이다.

사례 5: 한국가스공사, 일반인 대상의 '노동존중 교육' 제공

한국가스공사(사장 최연혜)는 지난 1983년 설립 이래 41년 동안 변함없이 안정적으로 천연가스를 공급하여 국민 편익 증진과 국가 경제발전에 기여해 왔다. 그 과정에서 세계 12개국에 걸쳐 23개 프로젝트를 수행하는 명실상부한 글로벌 에너지 기

38 한국환경공단 노동조합은 2024년에 한국노총 주관의 전국여성노동자대회 평등상 수상함.

업으로 성장할 수 있었다.

한국가스공사는 본연의 사업을 통해 이해관계자들이 기대하는 환경 분야의 ESG 활동 리더십을 꾸준히 발휘함과 동시에 노동 분야에 대한 공사 차원의 활동도 강화하고 있는 것이 주목할 만하다. 우선 공사 내부적으로 임직원, 협력사, 지역주민, 소비자 등 경영 활동과 관련한 다양한 이해관계자들의 직접적 인권침해 예방과 구제뿐만 아니라 평등권, 산업안전권, 정보권, 상생발전권 등을 보장함으로써 인권을 증진하기 위한 활동도 진행하고 있다. 2023년에는 조직 내 적극적인 청렴·반부패, 윤리· 인권경영 활동을 독려하는 CEO 인권 서한을 발송했으며, 창립 40주년을 기념하여 인권 및 청렴·윤리경영 실천 헌장 선포식을 열어 경영진의 강력한 인권 및 청렴·윤리경영 실천 의지를 대내외에 선포했다.

한국가스공사는 내부적인 노동 인권 관리 활동의 범위를 확장하여 2021년에 공공상생연대기금의 협력과 지원을 바탕으로 공공기관 최초로 '노동존중 허브센터'를 설립해 전문적인 노동존중 교육을 제공하기 시작하였다. 더불어, 전문기관과 연계한 노무상담소도 운영하여 노동이 존중받는 문화를 조성하기 위해 노동조합(위원장 이승용)과 공사가 공동의 노력을 기울이고 있다.

그림 7-14. 노동존중 교육

그림 7-15. 노동존중 로비 콘서트

그림 7-16. 찾아가는 노동상담

노동존중 허브센터의 출발점은 2019~2020년에 노사가 공동으로 진행한 '예비 사회인을 위한 노동존중 교육' 활동이었다. 대구 및 광주 지역의 예비 사회인 1,500명 이상을 대상으로 7회에 걸쳐 실시한 교육은 노무사가 알려주는 '예비 사회인이 알아야 할 알기 쉬운 노동 상식', 노동조합 간부가 들려주는 '노동조합 설립 이유와 의미' 등의 프로그램이었다. 이 교육을 통해 노동관계법에 대한 사회 일반의 인식을 제고하는 사회적 가치를 창출할 수 있었다고 공사는 평가하고 있다.

이러한 경험을 바탕으로 2021년부터 본격적으로 '노동존중 허브센터' 프로젝트가 시작되었다. 2021년에는 지역 내 중·

고교생들을 대상으로 직업교육 박람회를 활용한 교육, 4개 학교를 방문한 교육 등을 제공했다. 이와 함께 일반 시민을 대상으로 심리 상담을 포함한 온라인 노동상담을 전문 노무법인과 공동으로 제공하고, 노동존중 콘서트와 노동존중 공모전을 진행했다. 2022년에는 예비 사회인 대상의 노동존중 교육과 일반 시민 대상의 노동존중 행사 등을 유관기관과 협력하여 꾸준히 제공했으며, 이러한 공사의 일관된 활동은 2024년까지 이어지고 있다. 특히 지역 내 취업 박람회를 연계한 노동존중 교육과 취업 지원 활동을 집중적으로 제공함으로써 노동존중의 풍토 확산과 취업률 제고라는 사회적 이슈 해결에 기여하고 있다.

표 7-1. 2021~2024년 활동 실적 요약

구분	내용
노동존중 교육	• 지역 대학생 및 일반 시민을 대상으로 한 찾아가는 노동존중 교육. • 노동존중 교육 자료 개발 및 확산.
취업 지원	• (청년)대구지방 노동청 및 유관기관 연계 취업 지원 프로그램 지원, 합동 채용 설명회 및 채용 정보 제공. • (중장년)노동존중 교육 및 정보 제공, 맞춤형 취업프로그램 시행.
상담	• (노동)노무법인 핫라인 연계(온라인), 찾아가는 노동상담 시행 (오프라인). • (심리)심리 전문 사회적기업과 연계한 시민 대상 무료 심리 상담 제공.
문 화	• 노동존중 콘서트 및 세미나 시행으로 시민과 함께하는 문화 확산. • 노동존중 문화 콘텐츠 공모선 및 팝업 전시. • 열악한 노동현장에 있는 노동자를 위한 간식 차량 제공.

노동존중 허브센터의 운영 과정에서 가장 주목할 부분은 지역 내 유관기관과의 긴밀한 파트너십을 바탕으로 프로그램을 개발하고 운영한다는 점이다.[39] 정부 및 지자체, 대학, 공공기관, 민간단체 등 노동존중에 뜻을 같이하는 유관기관들과의 협력은 노동존중 풍토가 지역사회에 확산할 수 있는 소중한 기반으로 작용하고 있다.

공사와 노동조합은 향후 예비 사회인, 취약계층을 위한 맞춤형 노동존중 교육 시행을 통한 노동인권 보호 활동을 지속적으로 전개하고, 지역으로 이전한 공공기관 자회사 직원 대상의 노동존중 프로그램 지원을 통해 노동인권을 보호하는 지역 문화 형성에 기여할 계획이다.

사례 6: 예금보험공사의 차별화된 조합원 소통을 통한 만족도 제고

예금보험공사(사장 유재훈)는 금융계약자를 보호하고 금융제도 안정성 유지에 이바지하고자 「예금자보호법」에 따라 1996년에 설립되었다. 모든 국민이 안심할 수 있도록 예금자

39 ·공공기관: 공사 노사, 한국교육학술정보원, 한국뇌연구원, 한국부동산원 노사, 한국사학진흥재단, 한국산업단지공단 노사, 한국장학재단 노사, 한국지능정보사회진흥원 노사, 신용보증기금 노사, 대구도시개발공사, 대구교통공사 노사, 대구시설관리공단.
·정부 및 지자체 : 대구지방고용노동청, 병무청, 대구광역시, 대구교육청, 동구청, 수성구청년센터.
·대학: 경북대, 영남대, 계명대, 대구대, 대구가톨릭대, 전남대
·민간단체 및 기업: (사)대구경북고용복지연구원, 현대LNG해운, 화성밸브, 토닥토닥협동조합.

를 포함한 폭넓은 금융계약자 보호기구로서 본연의 역할을 성실히 수행하며, 금융 부실의 사전예방 및 사후정리 활동을 통해 금융제도 안정의 중추기관으로 자리매김하고 있다. 나아가, 지속가능한 미래를 위한 혁신과 선진화를 지속하여 세계적인 금융안정기구이자 시장원리에 충실한 금융계약자 보호기구로 성장하겠다는 목표를 가지고 있다. 그 과정에서 탄소 감축 및 신재생에너지 확대 등 총 9개의 전략과제를 중심으로 ESG경영도 충실히 실행해 나가고 있다.

예금보험공사 노동조합(위원장 김영헌)은 공사가 집중적으로 추진하는 사회공헌 활동인 '행복예감' 추진 과정에서 노사 동수의 추진위원회에 참여하여 다양한 사회공헌 활동에 대한 의사결정을 같이 하는 등 공사의 ESG경영에 파트너로서 역할을 다하고 있다. 특히, 2023년부터는 해양수산부에서 진행하는 '반려해변 분양'[40]에 참여하여 충남 보령시 원산도 주변 해변을 입양하고 인근 어촌계 및 수협은행 등과 공동으로 정기적인 정화 활동을 주도적으로 진행하고 있다. 또한, 금융 공공성 강화 및 공공기관의 자율성·독립성 강화를 위하여 21개 금융공공기

40 환경적으로 문제가 되는 해양폐기물 및 해양오염퇴적물 감축을 위하여 기업·단체·학교 등이 특정 해변을 맡아 자신의 반려동물처럼 가꾸고 돌보는 해변입양 프로그램

관으로 구성된 '금융공공성 강화 투쟁위원회'에도 적극 참여하고 있으며, 전국사무금융서비스노동조합이 사회 불평등, 양극화 해소를 위해 2019년 금융위원회 소관으로 설립한 재단인 우분투 재단의 성공적 운영에도 기여하고자 노력하고 있다.

이러한 대외적인 사회공헌 활동뿐 아니라, 예금보험공사 노동조합은 노조 본연의 역할과 관련한 활동에도 최선의 노력을 기울이고 있다. 그 대표적인 활동이 바로 '분회 조직 개편을 통한 조합원들과의 소통 강화'이다. 전통적으로 많은 노동조합들이 분회 조직을 구성할 때 회사의 하부 조직 단위 혹은 지역 단위로 구성하여 조합원들을 지원하고 있다. 예금보험공사 노동조합에서는 흔히 MZ세대로 대표되는 세대간 차이에 주목하고 지난 2016년에 분회 구성 기준을 공사의 하부조직 단위가 아닌, 입사연도별로 개편하였다. 현재 노동조합 산하 총 35개의 입사연도별 분회 운영을 통하여 기존의 연령·직급이 혼재된 조직별 분회에서 나타날 수 있는 젊은 조합원들의 의견 반영 미흡 등의 단점을 예방할 수 있으며, 좀 더 자유롭게 조합원들이 노동조합에 필요한 것들을 건의할 수 있는 분위기를 만들 수 있었다. 특히, 연중 수시로 진행되는 노동조합 집행부와의 간담회를 통하여 분회별 다양한 의견을 수렴하고 이를 공사와 함께 해결해 나가고 있다. 사내 체력단련실을 확장하고, 근무 편의성을 제고하기 위한 복리후생 시설을 개선하는 등 조합원들의 일상적인 근무 과정에서의 불편함을 개선함은 물론, 공사의 제도 개선을 통한 조합원 만족도 제고의 성과도 창출하고 있다. 지난 2023년에 공사와 공동으로 근로조건 개선을 위해 '노사공동실무TF'(노조 수석부위원장·공사 부사장 공동위원장)를 설립하여, 조합원들의 최대 관심사항인 인사적체 해소를 위한 임금피크제 기간 단축 및 육아휴직자 결원보충 시행 등을 결정하고 시행할 수 있었던 것이 바로 그러한 제도적 개선의 사례이다.

앞으로 예금보험공사 노동조합은 조합원들의 권익 향상과 노동환경 개선을 위하여 지속적으로 경주하는 한편, 기후위기 대응 등 환경보전을 위해 긴밀히 공조할 예정이다. 또한, 공공성 강화를 위한 공공기관의 실질적인 자율·책임경영체제 확립을 위하여 다방면으로 노력할 것이다.

사례 7: 리맨(주), 디지털 제품 재활용·재사용 문화 확대

대한민국은 전 세계가 인정하는 인터넷·IT 강국이다. 많은 국민들이 노트북, 휴대폰 등 디지털 기기를 어느 국가보다 많이 구입해서 사용하고 있다. 디지털 기기에 대한 친환경적인 폐기 및 자원순환의 이슈 또한 다른 국가들보다 필요성이 높다고 할 수 있겠다. 이 분야에서 선도적인 역할을 하고 있는 기업이 ㈜리맨이다.

㈜리맨은 "환경과 인간의 공존을 위해, 함부로 버리지 않는 아름다운 경험을 만든다."라는 이념 아래 2008년 1월 설립된 회사로서 "디지털 정보 격차 해소", "자원순환을 통한 환경보호"를 주요 사업 목적으로 하고 있다. 리맨은 IT 기기가 더 나은 가치를 찾아가는 과정을 "아름답다"라고 말하며, 환경과 인간이 공존하는 일에 헌신하는 사회적기업[41]을 만들겠다는 일념을 담아 스스

그림 7-17. 직원들과의 소통 활동

그림 7-17. 디지털 기기 수거함 ReBox

그림 7-18. 디지털 현물 기부 플랫폼 RePlus

41 사회적기업: 영리기업과 비영리기업의 중간 형태로, 사회적 목적을 우선적으로 추구하면서 재화·서비스의 생산·판매 등 영업활동을 수행하는 기업(조직).

로를 "아름다운 디지털을 만드는 사람들"이라 부르고 있다.

리맨은 날로 늘어나고 있는 디지털 기기의 자원 순환을 위해 중고 IT 기기의 재사용(Reuse), 재제조(Remanufacturing), 재활용(Recycling)을 포괄한 활동을 사업 과정에서 전개하고 있다. 특히 사업 수행 과정에서 단순한 재무적 성과만을 목표로 하지 않고, 사업을 통한 사회적·환경적 성과 창출을 집중적으로 관리하는 것이 주목할 만하다. 이를 위해 리맨은 전문기관을 통한 사회적 가치를 확인하는 동시에 더 높은 사회적 가치 창출을 위한 노력으로 연결하고 있다. 사회적가치연구원(CSES)이 주관한 사회성과 인센티브 프로젝트에 참여하여, 기업의 가치가 매출액으로만 평가되는 것이 아닌 고용, 환경 등 사회적 문제 해결을 통해 창출되는 가치로도 평가될 수 있음을 확인하고 있다.

표 7-2. 최근 5년간의 사회성과 (단위: 백만원)

구분	2019	2020	2021	2022	2023
매출액	6,905	7,503	9,912	12,532	13,669
사회 성과	2,365	2,028	3,181	4,050	3,005
매출 대비 사회 성과	34%	27%	32%	32%	21%

리맨은 100명도 되지 않는 작은 규모의 사회적기업임에도, 전 직원들의 이해와 참여를 바탕으로 디지털 기기의 재활용·재사용 문화 확산을 위한 활동을 활발히 전개하고 있다. 디지털 기기의 회수 과정에서 기존의 대량 배출처(기업 등)를 통한 기기 수집뿐만 아니라 개인, 소규모 단체, 비영리단체 등 다양한 경로를 활용한 수집 활동을 진행하고 있다. 특히 일반 시민들이 디지털 기기를 비영리단체에 기부할 수 있도록 기부자와 수혜자를 연결하는 기부 플랫폼(RePlus)을 운영하고, 개인 및 가정에서 사용하지 않는 디지털 기기를 안전하게 처리할 수 있도록 돕는 폐디지털 기기 전용 수거함(ReBox) 운영을 새롭게 시작했다. 기부와 자원순환 활동을 통해 감축된 온실가스 저감 효과를 확인할 수 있는 ESG 포털을 운영함으로써 재사용과 재활용 문화를 확산시키면서 지속 가능한 환경 조성에도 앞장서고 있다. 그 과정에서 2008년 회사 설립 이후 꾸준히 개최하고 있는 '직원 총회'를 통해 회사의 친환경 정책과 사업 방향을 설명하고 직원들의 아이디어를 적극적으로 수렴하는 '전원 참여형 ESG 활동 문화'를 구축한 것이 가장 핵심적인 원동력이라고 할 수 있다. 2015년부터는 회사가 아닌 직원 대표들이 직원 총회를 주관하여 연 2회 자율적으로 진행함으로써 직원들의 주인의

식 및 참여도 제고에도 기여하고 있다.[42]

향후 리맨은 디지털 기기의 재활용·재사용 문화 확산을 위해 단순히 매출과 이익을 추구하는 수준을 넘어 자원순환을 통한 건강한 생태계 구축에 기여해야 한다는 기업 철학을 실현할 수 있는 활동을 계속 전개해 나갈 예정이다. 아직 사회적으로 해결하지 못하고 과제로 남아 있는 건 돈이 안 되거나 해결 방법이 어렵기 때문이다. 이 문제를 해결하기 위해서는 다양한 주체들과 협력을 통해 혁신적인 방법으로 개선해야 한다. 혁신은 한 사람이 아니라 여러 사람의 협력을 통해서 가능하고, 여러 주체가 협력하기 위해서는 다양한 생각, 서로 다른 조건에 있는 주체들의 다양성을 존중하는 것이 필요하다. 리맨의 소통, 협동, 혁신의 조직문화는 여기에서 출발하고 있다.

사례 8: 사회연대기금 사례[43]

노동조합은 회원 모임과 같은 사조직이 아닌 사회로부터 정당성을 인정받은 조직이고, 노동조합의 역할은 기업 내 조합원에만 국한되지 않는다. 노동조합의 사회적 책임은 기업 내 조합원을 위한

42 회사는 산업재해 위험성에 대한 지원 제안 제도를 운영하여 매년 10여 건의 위험성 요소를 발견하고 예방 조치를 진행하고 있다.

43 이호동·정흥준, (2024). 「노사의 사회적 책임, 사회연대 기금을 통한 실험」, 윤리경영연구

경제적 활동만이 아니라, 비정규직과 같은 기업 내 비조합원이나 기업 밖의 미조직 노동자의 권리 증진을 위한 활동과 같은 사회적 가치를 창출하는 것을 포함하는 것이라고 주장할 수 있다.[44]

이런 관점에서 노동조합 스스로 사회적 책임을 다하기 위해 설립한 공익법인의 활동은 주목할 만하다.

희망연대노동조합이 주도적으로 설립한 사단법인 희망씨, 민주노총과 한국노총의 공공부문 노동조합(공공운수노조, 보건의료노조, 금융노조, 공공노련, 공공연맹)이 주축이 되어 설립한 재단법인 공공상생연대기금, 한국노총 금융노조가 중심이 되어 설립한 재단법인 금융산업공익재단, 사무금융노조가 설립한 우분투 재단, 부산지역의 노사가 함께 참여하여 설립한 부산형사회연대기금, 안산공단 한국와이퍼의 폐업에 따른 사회적 고용기금 뚜벅이, 철도공사 노사가 만든 희망철도재단 등 7개가 대표적인 사례들이다.

①희망씨

2014년 1월 지역사회 운동노조를 표방하는 희망연대노동조합(현 공공운수노조 희망연대본부)이 주도적으로 설립한 사단법인이다. 희망씨의 미션은 '아동 청소년이 차별받지 않는 세상을

44 Dawkins, 2016

위해 노동자와 함께 한다.'이며, 비전은 '구분과 격차가 없는 더 불어 사는 세상'이다. 주요 사업은 크게 세 가지로, 국내아동지원사업, 해외아동지원사업, 노동인권사업을 수행하고 있다. 희망씨의 가장 큰 성과 및 기여는 2013년에 만들어진 이후 다른 공익법인의 설립에 많은 영향을 주었다는 점이다.

②공공상생연대기금

2017년 12월 민주노총과 한국노총 5개 공공기관 노동조합(공공운수노동조합, 금융산업노동조합, 보건의료노동조합, 전국공공노동조합연맹, 전국공공산업노동조합연맹)이 노동 약자를 지원하고 공공부문의 사회적 가치를 확산하기 위해 노동부로부터 설립을 인가받은 재단법인이다. 공공상생연대기금의 미션은 '상생과 연대로 함께하는 노동존중 사회'이며 비전은 사회적 격차 완화, 사회적 연대, 정의로운 사회 실현, 사회 공공성 강화 등이다. 공공상생연대기금은 격차와 균열, 대립으로 얼룩진 대한민국의 아픈 현실을 치유하고, 상생과 연대 그리고 공동선으로 우리 사회의 건강한 미래를 일구어가는 것을 목표로 한다. 공공상생연대기금의 사업은 공공부문, 상생부문, 연대부문 등으로 구분된다.

③금융산업공익재단

33개 금융기관 노동조합 및 노사가 공동으로 설립한 재단법인으로 2018년 출범하였다. 금융산업공익재단의 미션은 '국내외 금융 및 사회취약계층 지원을 위한 사회공헌사업을 수행하여 지속 가능한 사회를 만드는 데 기여'하는 것이며 추진 전략으로 금융취약계층 지원, UN 지속가능목표 기반 글로벌 사회공헌, 환경 사회 복지 영역 지속 가능한 인프라 구축 등이다. 금융산업공익재단의 사업은 6개 분야로 서민금융(사회책임금융), 지역사회, 글로벌, 환경, 학술교육, 문화예술체육 지원이다.

④우분투 재단

전국사무금융서비스노동조합이 사회 불평등, 양극화 해소를 위해 2019년 금융위원회 소관으로 설립한 재단이다. 우분투 재단의 비전은 '차별 없는 일터, 함께 잘사는 사회'이며 구체적인 미션은 더불어 상생, 같이하는 연대, 그리고 공동체 회복을 위한 책임이다. 우분투 재단의 사업은 비정규직 지원에 초점을 두고 있어 핵심 사업으로 비정규직 보호 방안 개발, 비정규직 격차 축소, 비정규직 문제 해결에 앞장선 노사, 활동가와 단체 후원 등 비정규직과 관련한 사업이 다수이다.

⑤부산형사회연대기금

파란저금통은 2019년 부산지역 노사합의로 조성된 기금으로, 부산은행, 부산항운노동조합, 부산항만물류협회, 나눅스네트워크, SK해운, 부산항만공사 등이 참여했으며, 출발 당시 자산규모는 44억 원이었다. 파란저금통의 미션은 '함께 만들어가는 지속 가능한 사회'이며, 비전은 '좋은 일자리, 성장 자립의 든든한 플랫폼'이다. 파란저금통의 주요 사업은 지원 사업, 일자리 사업, 사회적 연대 사업으로 구분되며, 주요 사업의 키워드는 청년, 창업, 소상공인, 대출 지원이다.

⑥재단법인 뚜벅이

2024년 6월에 설립했으며, 다른 사회연대기금과 구별되는 독득한 특징을 가지고 있다. 안산시에 소재해 있던 일본 덴소그룹의 한국 자회사인 한국와이퍼가 한국 내 사업을 철수하면서 노사가 공동으로 합의해 만든 기금이기 때문이다.

뚜벅이 활동의 가장 큰 특징은 재단 설립의 배경이 된 한국와이퍼 해고노동자를 위한 재취업 지원 활동을 기본으로 하면서도 지역 내 다양한 노동 취약계층(해고 노동자, 비정규직 노동자 등)을 위한 지원 사업을 전개할 계획이라는 점이다. 안산

지역은 반월시화공단이 위치해 있으며, 비교적 규모가 작은 제조업 사업장이 밀집되어 있어 직장 이동이 빈번하다. 파견노동자의 규모도 상당한 것으로 알려져 있다. 따라서 뚜벅이는 한국와이퍼 노동자만이 아니라 지역 내 해고 노동자의 재취업을 지원할 계획이다. 또한 뚜벅이는 지역 내 미조직 비정규직 노동자를 지원할 계획도 가지고 있다. 특수고용 노동자와 플랫폼 노동자 등 노동법 사각지대에 있는 노동자를 지원하는 프로그램을 고민하고 있다.

⑦희망철도재단

2016년에 철도공사 노사가 공동으로 설립한 공익재단이다. 소관 부처는 고용노동부로, 2015년에 노사 합의를 통해 사회적 나눔과 상생을 위한 공익재단을 만들기로 합의하면서 현재의 재단 활동으로 연결되었다. 희망철도재단의 슬로건은 '함께 만들어가는 희망철도'로 철도 거점을 이용한 다양한 사회 공헌 활동과 직원들이 직접 참여하는 참여형 활동을 강조한다.

이상의 사례들은 노동조합이 주도하거나, 노사 공동의 사회적 책임 활동을 통해 사업장의 울타리 안에서 조합원들의 이해대변기구로서의 기능적 한계를 벗어나고자 하는 노력을 엿볼 수 있다는 의미가 있다. 노동조합이 사업장을 넘어 지역 및 사회적 연대를 실천하는 것은 노사 ESG가 추구하는 상징적이고 대표적인 모습이라고 할 수 있다.

표 7-3. 사회연대기금 사례 요약

구분		참여주체	설립	기금액	주요활동	강조
1	희망씨	희망연대 소속 노사	2013	6억 + 후원금	청소년 지원 취약노동자 지원	노동조합의 참여
2	공공상생 연대기금	공공부문 노사	2017	638억	공공 시민 사회단체 사회연대활동 지원	공공부문 사회적 가치
3	금융산업 공익재단	금융산업 노사	2018	4,000억	취약계층 지원	사회적 책임 금융
4	우분투재단	사무금융 산업 노사	2019	88억	비정규직 처우개선	비정규직 지원
5	파란 저금통	부산지역 노사	2019	44억 + 후원금	부산지역 취약계층(소상공인, 취약노동, 청년) 지원	지역 차원의 사회연대
6	뚜벅이	안산 한국 와이퍼	2021	24억	안산지역 해고노동자 지원	지역사회 사회안전망
7	희망 철도재단	철도공사 노사	2016	3억 + 후원금	취약계층 지원	철도 인프라 활용

8장.

일본 사례

들어가는 말

일본의 ESG는 오래전부터 기업의 사회적 책임(CSR)의 맥락에서 다루어져 왔다. 역사적으로 보면, 1960~1970년대 기업의 이익 중심의 경영 과정에서 발생한 공해 문제로 인해 기업의 사회적 책임이 크게 대두했고, 1990년대 이후 주주총회 문제, 소고기 생산지 위장 표시, 식중독, 리콜 감추기 등 기업경영 활동의 부정적 영향 때문에 기업의 사회적 책임에 대한 여론이 더욱 높아졌다. 2000년대 이후는 글로벌화가 크게 진전되면서 다국적 기업이 개발도상국 등에서 일으킨 문제가 세계적인 관심을 끌었고, 그러한 가운데 UN의 글로벌 콤팩트(Global Compact)나 OECD의 다국적 기업 행동 지침이 발표되면서 일본 기업도 국제적인 규범을 지키는 사회적 책임 활동이 필요하다는 논의가 본격화되었다.

렝고총연[45]이 2005년 대기업 노사를 대상으로 실시한 앙케트 조사에 따르면, 기업의 사회적 책임이라고 응답한 항목 중 '법령 준수를 위한 사원 교육'이 81.2%(노조 응답률, 85.1%. 이하 같음)로 가장 높았고, 이어 '온실가스 감축'이 72.5%(70.8%)였다. 노동과 관련해서는 '실질 노동시간 단축'이 42.3%(66.8%), '여성의 관리직 등용 촉진'이 27.2%(32.8%), '육아, 간병 휴직의 취득 촉진'이 49.5%(64.9%), '정규직과 비정규직의 균등 처우 촉진'이 19.8%(36.6%) 등이었다.(오학수, 2011) 대부분의 기업과 노조에서 법령 준수, 환경 문제 해결이 기업의 사회적 책임으로 인식되고 있었는데 노동에 관한 인식 정도는 상대적으로 낮게 나타났다.

일본에서는 기업의 사회적 책임 활동은 정부의 관련 방침이나 규제가 없는 가운데 기업이 자율적으로 하는 것이라는 인식이 강하며, 아직도 기본적으로는 그 틀을 벗어나고 있지 못하다. 그런데 국제적으로 ESG에 대한 방침이나 규제가 제정되면서 기업의 사회적 책임을 넘어 기업의 리스크(Risk) 관리나 중장기적인 기업 가치 향상의 관점에서 ESG 활동 필요성이 제기

45 일본의 노동조합 최대 전국 조직인 렝고(일본노동조합총연합회, 조합원 약 700만 명)가 1987년 설립한 연구소.

되고 있다.

여기에서는 ESG에 대한 일본 노사정의 정책/대응 및 사례를 통해 일본의 ESG 현주소를 살펴보기로 한다.

1. 일본 정부의 ESG 정책 전개

1-1. 일본재흥전략에서 제시된 ESG 관련 정책

일본 정부는 2013년부터 ESG와 관련한 정책을 본격적으로 추진했다. 성장 전략을 실현하기 위해 내각에 일본경제재생본부를 설치했고, 본부장인 총리가 기업의 지속적인 성장을 촉구하기 위해 기관투자가가 적절히 수탁자 책임을 다할 원칙을 마련할 것을 지시했다. 같은 해 경제정책의 근간이 되는 '일본재흥전략'에서도 동일한 취지가 포함된 내용이 각의에서 결정되었다.

금융청은 정부의 정책에 따라 2014년 2월 '책임 있는 기관투자가의 제 원칙-투자와 대화를 통해 기업의 지속적 성장을 촉진하기 위하여'(일본판 스튜워드십 코드)[46]를 발표했다. 동 코드에는 7개의 원칙이 기재되어 있다. 그중 원칙 5에서 기관투자가는 투자처 기업의 지속 성장에 기여할 수 있도록 의결권 행

46 https://www.fsa.go.jp/news/25/singi/20140227-2/04.pdf)

사 방침을 세워야 한다고 밝혔다. 금융청에 따르면 스튜워드십 코드를 받아들인 기관투자가는 2024년 9월 현재 330개에 이르는데, 그중 기업연금이 84개이다.

일본 정부는 2014년 6월에 일본재흥전략에서 기업이 주주, 고객, 종업원, 지역사회 등 이해관계자의 입장을 고려하여 투명하고 공정한 의사 결정을 바탕으로 지속적인 기업 가치 향상을 위한 자율적인 대응을 촉진하기 위하여 기업 거버넌스에 관한 기본원칙을 정하는 '기업 거버넌스 코드'를 연내에 만들도록 했다. 이러한 정부 정책에 따라 금융청과 도쿄증권거래소는 2014년 12월에 '기업 거버넌스 코드 원안'[47]을 발표하여 2015년 6월에 확정, 시행했다. 동 코드에는 5개의 원칙이 정해져 있다. 주주의 권리/평등성의 확보, 주주 이외의 이해관계자와 적절한 협동, 적절한 정보공개와 투명성 확보, 이사회 등의 책무, 주주와의 대화가 그것이다.

이어 정부는 2015년 6월에 일본재흥전략에서도 수익률을 높이는 공격적인 기업행동을 촉구하기 위해 이사회가 경영진에게 결정을 위임할 수 있는 업무의 범위, 기업이 투자가에게 필요한 정보를 효율적이고 효과적으로 제공할 수 있도록 정보

47 https://www.jpx.co.jp/news/1020/nlsgeu000000xbfx-att/code.pdf

공개 룰을 개정하도록 했다. 참고로 금융청은 상기한 것처럼, 2015년에 '기업 거버넌스 코드'(후술)를 책정했는데 그 때문에 일본에서는 2015년을 '기업 거버넌스 개혁 원년'이라고 부르곤 한다.

2016년 6월에 일본재흥전략에서는 기업 거버넌스 개혁을 아베노믹스의 가장 중요한 어젠다라고 밝히면서 개혁을 형식에서 실질로 심화할 필요성을 제기했다. 이를 위해 '스튜어드십 코드' 및 '기업 거버넌스 코드'의 후속 회의를 통해 최고경영자(CEO)의 선임, 해임, 이사회의 구성, 운영, 평가 등을 바탕으로 경영진이나 이사회가 주어진 역할, 책무를 실효적으로 할 수 있도록 할 것을 주문했다. ESG[48] 투자 촉진에 머물지 않고 지속적인 기업 가치를 이끌어 내는 기업경영이나 투자 방식과 평가 방법, 정보 제공 방법에 관해 검토하여 투자의 최적화 등을 촉진하는 정책 대응을 연도 내에 내는 것으로 했다. 금융청과 도쿄증권거래소는 위와 같은 정부의 정책에 따라 상장기업의 지속적 성장과 중장기적인 기업 가치 향상을 목적으로 2015년에 '기업 거버넌스 코드'를 책정·시행하고, 2018년과 2021년에 개정판을 냈다. 동 코드에는 앞서 본 것처럼 5개의 기본원칙이 제

48 '일본재흥전략'에서 처음으로 ESG가 제시되었다.

시되어 있는데, 그중 기본원칙 2에서는 상장기업의 지속적인 성장과 중장기적인 기업 가치의 창출은 종업원, 고객, 거래처, 채권자, 지역사회 등 다양한 이해관계자 자원의 제공이나 공헌의 결과라고 인식하고 그들과 적절히 협동하도록 노력해야 한다고 밝혔다. 보충원칙에서는 이사회가 기후변동 등 지구환경 문제에 대한 배려, 인권존중, 종업원의 건강, 노동환경에 대한 배려, 공정하고 적절한 처우, 거래처와의 공정하고 적절한 거래, 자연재해 등에 대한 위기관리 등의 과제에 적극적이고 능동적으로 대응하도록 주문하고 있다. 기본원칙 3에서는 상장기업은 재정 상황, 경영 성과 등 재무정보나 리스크, 거버넌스에 관한 비재무정보에 대해서 법령에 따른 정보공개를 적절히 함과 동시에 법령 규정 이외의 정보 제공에도 주체적으로 대응해야 한다고 밝혔다.

한편 일본 정부는 2019년 12월에 회사법[49]을 개정하여 상장기업은 사외이사를 두도록 의무화했다(2021년 3월 시행). 그 결과 2021년에 이사회에서 사외이사가 과반수인 기업은 7.7%, 1/3 이상은 72.8%, 2명 이상은 97.0%에 이르고 있다[50].

49 회사법 제327조의 2.

50 기업 거버넌스 코드에서 프라임 시장(도쿄 증권시장에서 상위주식 시장)에 속해 있는 기업은 사외이사가 적어도 전체 이사의 1/3 이상, 그렇지 않은 일반 주식시장에 속해 있는 기업은 사외이사를 2명 이상 둘 것을 규정하고 있다.

일본의 최대 증권거래소인 도쿄증권거래소는 2020년 3월에 'ESG 정보공개 실천 핸드북'[51]을 공표했다. 핸드북에서는 정보공개를 4단계로 실시할 것을 기대하고 있다. 1단계는 ESG 과제와 ESG 투자로서 ESG와 기업 가치, ESG 과제, ESG 투자와 투자가의 수탁자 책임, 투자가의 ESG 정보공개 요청, ESG 과제와 기업활동 등을 공개하는 것이다. 2단계는 기업전략과 ESG 과제와의 관계로 자사의 전략에서 중요한 ESG 과제를 특정하는 것이며, 3단계는 감독과 집행인데, ESG 관련 사항을 착실히 진행하기 위해 감독과 집행에 관련한 사내 체제를 구축하여 지표·목표치를 설정해야 한다. 그리고 4단계는 ESG 정보와 적극 대응으로 ESG 정보를 투자 판단에 유용한 형태로 공개하고, 투자가 등 이해관계자와의 대화를 적극적으로 실시하여 중장기적인 기업 가치 향상을 지향하는 것을 권고하고 있다.

1-2. 인권 및 노동 관련 정책

인권 및 노동과 관련한 정책을 보면, 일본 정부는 UN의 '기업과 인권 이행 지침(UNGPs, UN Guiding Principles on Business & Human Rights)' 등을 고려하여 2020년 10월에

51 https://www.jpx.co.jp/corporate/sustainability/esg-investment/handbook/nlsgeu000004n8p1-att/handbook.pdf

'비즈니스와 인권에 관한 행동 계획(NAP)'[52]을 책정했다. 행동 계획은 그때까지 각 중앙부처에서 개별적으로 실시해 온 인권 보호 조치를 비즈니스와 인권이라는 관점에서 정리하고, 정부 부처 간 인식의 공유와 이해를 강화하여 향후 부처 간의 연계를 촉진하면서 정책의 일관성을 강화하기 위해서 만들어졌다.

행동 계획은 UNGPs의 이행 확보를 지향할 뿐만 아니라 'OECD 다국적 기업행동 지침'이나 'ILO 다국적 기업 선언' 등 관련 국제문서를 고려하여 만들어졌다. 행동 계획의 제2장에서는 노동 분야를 다루고 있는데 주요 내용은 다음과 같다. 즉 ILO 선언의 기본적인 권리 4원칙[53]의 존중, 촉진 및 실현을 위해 노동정책의 추진을 밝히면서, 앞으로 추진할 구체적인 3가지 조치를 제시하고 있다. ①디센트 워크(decent work: 일할 보람이 있는 인간다운 일)의 촉진으로 노동의 기본 원칙 및 권리의 존중, 촉진 및 실현, ②괴롭힘 대책의 강화, ③노동자의 권리 보호·존중이다.

경제산업성은 2021년에 외무성과 함께 일본 기업의 비즈니스와 인권 대응 상황 조사를 정부 부처로서는 처음으로 실시했

52 https://www.mofa.go.jp/mofaj/files/100104121.pdf

53 첫째, 결사의 자유 및 단체교섭권의 실효적인 승인, 둘째, 모든 형태의 강제 노동의 철폐, 셋째, 아동노동의 실효적인 폐지, 넷째, 고용 및 직업에서의 차별 철폐.

는데, 응답 기업[54] 중 69%가 인권 방침을 책정했다고 응답했고, 연수 실시 63%, 인권 실사 52%, 정보공개 52% 등의 응답 수준이었다. 51%의 기업은 인권에 대한 자주적인 대응을 위해 정부나 공공기관이 가이드라인을 만들거나 선행 사례를 공유하기를 요청했다. 경제산업성 등은 이러한 요청에 따라 2022년 9월에 '책임 있는 공급망 등 인권 존중을 위한 가이드라인'을 공표했으며, 주요 내용은 다음과 같다. 먼저, 인권침해의 방지·경감·구제를 목적으로 한 기업 활동은 지속 가능한 경제, 사회의 실현에 기여함과 동시에 사회로부터 신용의 유지나 획득, 기업 가치의 유지나 향상에 연결될 수 있다고 밝혔다. 가이드라인의 적용 대상은 해당 기업 및 기업 그룹뿐만 아니라 직접 거래처와 간접 거래처이고, 인권의 범위는 최소한 국제 인권 헌장이나 노동의 기본 원칙 및 권리에 관한 ILO 선언에 있는 기본적 권리 원칙이 포함된다고 밝혔다.[55]

본 가이드라인에서 제시하는 인권 존중의 절차는 다음과 같다. 첫째, 경영진이 승인한 인권 방침의 책정 및 공개, 둘째, 인

54 2021년 8월 말 현재 도쿄증권거래소 1부와 2부에 상장한 기업 등 2,786사를 대상으로 조사한 결과 760사가 응답했다.

55 구체적으로는 강제노동, 아동노동을 하지 않을 자유, 결사의 자유, 단체교섭권, 고용 및 직업에서 차별당하지 않을 자유, 주거이전의 자유, 인권, 장애의 유무, 종교, 사회적 출신, 성별, 젠더에 의한 차별로부터의 자유 등.

권 실사로 인권침해 등을 방지·경감하기 위한 지속적인 대응 및 대응의 실효성 평가, 설명·정보 공개, 셋째, 인권침해가 발생한 경우, 사죄·원상회복·금전적 또는 비금전적인 보상 외에 재발 방지 프로세스의 구축·표명이다.

경제산업성은 2020년 9월 '지속적인 기업 가치의 향상과 인적자본에 관한 연구회'의 성과로서 연구회 좌장의 이름(이토)을 따서 '인재판(人材版) 이토 보고서'를 공표하고, 2021년에 동 연구회를 버전 업하는 형태로 '인적자본 경영 실현을 향한 검토회'를 발족시켜 9번의 회의를 한 결과 '인재판 이토 보고서 2.0'[56]를 공표했다. 동 보고서에서는 3단계를 제시하고 있는데, 첫째, 경영 전략과 인재 전략의 연동, 둘째, 현재의 모습과 지향하는 모습과의 갭을 정량적으로 파악, 셋째, 기업문화로 정착하는 것이다. 5개의 공통 요소로 동적인 인재 포트폴리오 계획의 책정과 운용, 지(知)와 경험의 다양성과 통합, 재교육, 사원의 참여(Engagement) 제고, 시간과 장소에 구애됨이 없이 일하는 방법의 추진을 제시했다.

내각부는 2022년 8월에 '인적자본 가시화 지침'[57]을 발표했

56 人的資本経営の実現に向けた検討会報告書～人材版伊藤レポート2.0～ (https://www.meti.go.jp/policy/economy/jinteki_shihon/pdf/report2.0.pdf)

57 https://www.cas.go.jp/jp/houdou/pdf/20220830shiryou1.pdf

다. 인적자본의 가시화는 경영자, 투자가, 종업원 등 이해관계자 간의 상호이해를 높이기 위해 불가결하다고 보고, 거버넌스, 전략, 리스크 관리, 지표와 목표라고 하는 4개 요소에 따라 공개하는 것이 효과적이며 효율적이라고 밝히고 있다. 상기한 '인재판 이토 보고서 2.0'과 함께 활용하면 시너지 효과를 기대할 수 있다고 권고하고 있다.

후생노동성은 2023년 12월에 '국내 노동 분야 정책 수단을 이용한 국제과제 대응에 관한 검토회(비즈니스와 인권 검토회) 보고서'[58]를 냈다. 이 보고서는 노동 분야의 국내 정책 가치를 글로벌 공급망 상의 인권 존중이라는 관점에서 낸 첫 번째 대응이다. 기업이 곧 착수해야 하는 또는 할 수 있는 대응으로서 거래처의 설명 등에 사용될 수 있도록 강제노동 등 국제노동기준에 관한 알기 쉬운 주지 자료를 작성하고, 일본 기업 해외 진출 국가의 정보 수집이나 노사정 정보를 공유하며, 후생노동성 직원의 이해 촉진, 관계자와의 협력체계 구축 등이 필요하다고 제안하고 있다.

58 https://www.mhlw.go.jp/content/10501000/001181137.pdf

표 8-1. 일본 정부의 ESG 주요 정책 전개

일자	일본 정부의 ESG 주요 정책
2013.6	일본재흥전략: 사외이사 도입 촉진, 일본판 스튜어드십 검토, 공적/준공적 자금 투자 검토 명기
2014.2	금융청: 책임 있는 기관투자가의 제 원칙(일본판 스튜어드십 코드 발표)
2015.6	금융청 및 도쿄증권거래소: 기업 커버넌스 코드 시행
2019	회사법 개정: 상장기업 사외이사 선임 의무화
2020.3	도쿄증권거래소: ESG 정보 공개 실천 핸드북 공표
2020.1	비즈니스와 인권에 관한 행동계획(NAP) 책정
2022.8	내각부: 인적자본 가시화 지침 발표
2022.9	경제산업성: 책임 있는 공급망 등 인권존중을 위한 가이드 라인 공표
2023.3	금융청: 기업 내용 등 공시에 관한 내각부령 시행

1-3. 고용공시제도

일본 금융청은 '금융심의회의 디스클로저 워킹 그룹 보고(2022년 6월)'를 반영하여 유가증권 보고서에 다양성에 관한 지표를 추가하는 '기업 내용 등 공시에 관한 내각부령'을 개정하여 2023년 1월 31일에 공표, 2023년 3월부터 적용했다. 그에 따라 유가증권 보고서에 비재무정보로서 지속 가능성이 새롭게 신설되어 거버넌스와 리스크 관리, 인적자본(인재 육성 방침, 사내 환경정비 방침)에 다양성 항목이 추가된 것이다. 다양성 항목에는 여성의 관리직 비율, 남성의 육아휴직 등 취득률 및 남녀 임금 격차가 반드시 들어가야 한다. 참고로 현재까지의 공시 지표는 유가증권 보고서의 '종업원 상황' 란에 종업원 수, 종업원의 평균 연령, 평균 근속연수, 연간 평균 급여인데, 여기에 상기한 다양성 항목을 추가 지표로 더 공시해야 한다.

한편, 일본은 2015년에 '여성활약추진법' 제정을 통해 여성 근로자 확대를 위한 고용 공시 제도를 실시하고 있다. 301명 이상의 기업은 채용자의 여성 비율 등 여성의 직장 생활 기회에 관한 정보, 남녀 평균 근속연수의 차이 등 일·가정 양립에 관한 정보, 그리고 남녀 임금 차이 정보를 공시하도록 되어 있는데, 다양성 항목 추가 지표의 공시로 여성 활약의 촉진이 더욱 기대되고 있다.

지속가능성 기준위원회(SSBJ,Sustainability Standards Board of Japan)는 지속가능성에 관한 일본 기준의 개발과 국제적 공시 기준 개발에 공헌할 목적으로 2022년 7월에 설립되었는데, 앞으로의 역할이 기대된다.

2. 경영계의 대응

2-1. 경단련 주도의 대응 활동

일본의 최대 경영자 단체인 경단련(經團連, 일본경제단체연합회)[59]은 1991년 9월 '기업 행동 헌장'[60]을 제정했는데 그 후 개정을 거듭하여, 2024년 5월에 6차 개정을 거쳐 현재에 이르고 있다. 2017년 11월 개정 시에는 새롭게 인권 존중에 관한 원칙을 추가했고, '동 헌장의 실행 길잡이'에서는 글로벌 인권 규범의 이해, 인권 실사와 정보공개, 포용적인 사회 실현을 통해 인권 증진을 꾀할 것을 권장했다. 기업 행동 헌장은 총 10개의 원칙을 정하고 있다. 서문에서 "지속 가능한 사회의 실현이 기업 발전의 기반임을 인식하여 지속 가능한 자본주의로의 전환을 가속하고 ESG를 고려한 경영을 추진하여 더욱 Society 5.0[61]의 실현을 통한 SDGs 달성을 지향하여 행동한다."라고 밝혔다. 원칙의 주요 내용은 다음과 같다. 공정한 사업 관행으로서 공정하고 자유로운 경쟁 및 적정한 거래, 책임 있는 조달, 공급망 전체

59 2002년 구 경단련(우리나라의 구 전경련)과 일경련(우리나라의 경총)이 통합되어 설립되었다. 2024년 4월 현재 회원사는 대기업을 중심으로 1,542사, 단체회원 153개, 특별회원 33개로 구성되어 있다.

60 経団連『企業行動憲章 | Policy(提言·報告書)』(https://www.keidanren.or.jp/policy/cgcb/charter2022.html)

61 일본 정부가 2016년 1월에 '제5기 과학기술기본계획'에서 처음 주창한 용어이다. 수렵사회, 농경사회, 공업사회, 정보사회, 그리고 초스마트 사회로 인류가 성장해 왔으며, 초스마트 사회에서 과제 해결과 미래 창조의 시점을 겸한 새로운 성장모델로 Society 5.0을 제시하였다. 가상공간과 현실공간을 고도로 융합시킨 시스템을 통해 경제 발전과 사회 문제 해결을 양립하는 인간 중심의 사회(초스마트 사회)로 규정했다. 경단련은 동 기본계획 작성시 논의에 참가했는데, 그 후 2018년 11월에 제언'Society 5.0-함께 창조하는 미래'에서, Society 5.0을 '창조사회'로 명명했다. 경단련이 말하는 Society 5.0이란, '디지털 혁신과 다양한 사람들의 상상, 창조력의 융합으로 사회 과제를 해결하고 가치를 창조하는 사회'이다. 경단련은 Society 5.0이 국제연합이 내걸고 있는 SDGs의 달성에도 크게 공헌한다고 보고 있다.

의 공존공영, 인권 존중 경영, 일하는 방식 개혁, 환경 문제 대응 등이다. 10개 원칙 중 마지막으로 최고경영자의 역할을 다음과 같이 밝히고 있다. 최고경영자는 본 헌장 정신의 실현이 자신의 역할임을 인식하여, 경영할 때 실효성 있는 거버넌스를 구축하여 사내, 그룹 기업에 철저히 주지한다. 아울러 공급망에도 본 헌장의 정신에 근거한 행동을 하도록 촉구한다. 또한 본 헌장 정신에 반해 사회로부터 신뢰를 잃는 사태가 발생하면 최고경영자는 솔선하여 문제 해결, 원인 규명, 재발 방지 등에 노력하며 책임을 다한다.

경단련은 비즈니스와 인권에 관한 국내외 상황의 급변, 일본 정부의 행동 계획 공표 등을 감안하여 2021년 12월에 기업 행동 헌장의 실행 길잡이를 개정했다. 본 자료에서는 5개 항목의 인권 존중 관리가 필요함을 설명하고 있다. ①국제적으로 인정된 인권을 이해·존중하고 기업의 책임을 다한다. ②인권 존중 방침을 책정하고, 사내외에 그것을 실행할 것을 표명한다. ③사업의 특성이나 인권에 부정적인 영향을 미치는 리스크의 중대성에 따라 인권 실사를 적절히 실시한다. ④인권침해 발생을 사전에 방지하고, 만일 발생한 경우 신속히 그것을 시정하도록 노력한다. ⑤다양한 이해관계자와 연계하여 인권 침해를 받기 쉬운 사회적 약자의 자립 지원을 통해 포용적인 사회 건설에 공헌한다.

경단련은 2020년 3월에 도쿄대학, GPIF(Government Pension Investment Fund, 일본 공적연금, 후술)와의 공동 연구 결과, 'ESG 투자의 진화, Society 5.0(창조사회)의 실현, 그리고 SDGs의 달성-과제 해결 이노베이션을 위한 투자 촉진'[62]을 발표했다. 경단련은 동 보고서에서 디지털 전환, 경제사회구조의 변화, 지구환경 문제 위기감 고조, 사람들의 사고방식(mindset)의 변화 등 4개의 거대 흐름을 Society 5.0의 실현과 ESG 투자 강화를 통해 UN SDGs의 신속하고 확실한 달성을 추구하는 것을 목표로 삼았다. 경단련은 ESG와 Society 5.0은 장래성, 경제성, 지속 가능성이라는 공통점을 갖고 서로 시너지 효과를 발휘하면서 UN SDGs를 달성할 수 있다고 보면서 ESG를 다음과 같이 분석하고 있다. ESG 투자는 종래 SRI(Social Responsible Investment, 사회적 책임 투자)에서 '사회의 부정적인 영향의 최소화, 기업의 중장기적인 리스크의 감소'를 중시하는 투자이다. 거기서 나아가 현재는 '사회의 긍정적인 영향의 최대화, 기

62 ESG投資の進化、Society 5.0の実現、そしてSDGsの達成へ (https://www.keidanren.or.jp/policy/2020/026_report.pdf)

업의 중장기적인 성장'을 중시하는 투자로 진화해 나가는 것이 Society 5.0의 실현과 SDGs의 달성에 불가결한데, Society 5.0에 ESG 투자가 결합하면 더 높은 수익, 더 폭넓은 과제 해결, 다양한 기업 가치의 향상, 기업과 투자가의 미래 지향 건설적 대화의 촉진에 기여할 것이라고 밝히고 있다.

2-2. 기업 ESG 활동에 대한 조사

경단련은 2023년 8~9월에 회원 기업을 대상으로 ESG 관련 앙케트 조사를 실시했다.(1,539사 대상 조사, 286사가 응답, 응답률 19%) 조사 결과 과거 3년간 가장 중점적으로 실행한 ESG 활동은 탄소중립을 실현하기 위한 활동(48%), 다양한 인재의 활약 촉진을 위한 다양성·공평성·포용성 강화(39%)로 나타났다. 지배구조와 관련하여 이해관계자와의 대화·협력을 위한 정보의 적기·적절한 제공(92%)이 가장 많았으며, 인권과 관련하여 국제적인 인권 정책 기준의 관리(90%)를 가장 많이 실행하고 있으며, UNGPs를 활용한 대응 활동(76%)도 2020년 조사 때의 36%보다 2배 이상 증가한 것으로 확인되었다. 또한 기업 단독이나 그룹 공통의 인권 방침을 책정한 기업의 비율은 91%로 2020년의 65%에 비해 크게 늘었다.

2024년 7월의 종업원 1,000명 이상 대기업의 경영자, 임원에 대한 인터넷 조사[63](응답자 102명)에 의하면 응답자의 72.6%가 ESG경영을 하고 있다고 답했다. ESG경영을 공급망 전체에 걸쳐서 할 필요가 있는 주된 이유로는 공급망 전체의 탄소 배출량 감축이 중요하기 때문이라는 응답이 43.1%로 가장 많았다. 이어 공급망 전체의 환경 부하를 저감하여 지속 가능성을 높이기 위해서라는 응답과 공급망 전체의 법령 준수와 리스크 관리가 요구되기 때문이라는 응답이 40.2%, 그리고 공급망 전체가 국제적인 규제나 가이드라인을 준수할 필요가 있다는 응답과 투자가나 고객으로부터 신뢰를 높이고 사회적 평가를 높이기 위해서라는 응답이 함께 24.5%이었다.

민간 연구소(포벌 GDX리서치연구소)가 2024년 9~10월에 실시한 중소기업 경영자에 대한 웹 조사(응답자 1,077명)에 의하면, ESG경영에 대해 알고 있다고 한 경영자의 비율은 34.2%이고 실제 ESG경영을 하고 있다는 비율은 31.8%였다. ESG경영을 추진하는 이유(복수 응답)로는 사회적인 기대(15.8%), 지속 가능한 사업 전개(15.5%), 기업 브랜드 향상(13.3%), 종업

63 중소기업 개인정보 보안 추진 협회(일반 사단법인)가 '대기업의 에 관한 실태 조사'를 실시다.
(https://prtimes.jp/main/html/rd/p/000000022.000088293.html)

원의 동기 부여나 일하는 보람의 향상(9.5%) 등의 순이었다. 가장 중시하고 있는 분야는 환경(44.4%), 사회(41.0%), 거버넌스(14.5%)의 순으로 나타났다.

3. 노동조합의 대응

3-1. 노동조합 최대 전국 조직의 대응: 렝고

렝고(連合, 조합원 약 700만 명으로 일본 노동조합 최대 전국 조직)는 2010년 12월에 '노동자 자본 책임투자 가이드라인'을 만들어 노조가 노동자 자본의 소유자로서 책임과 권리를 재인식하고, 책임투자에 대응할 수 있도록 방향성을 제시했고, 2011년 8월에는 가이드라인의 실행력 제고를 위한 핸드북을 작성했다.

렝고는 그 이후 정부의 ESG 동향 등을 반영하여 2015년 9월에 상기 가이드라인의 개정판[64]을 공표하면서, 기본 이념을 6가지로 규정했다. ①투자 판단 시 비재무적 요소인 ESG를 고려한다. ②노동자(노동조합)의 권리 보호를 고려한다. ③과도하게 단기적인 이익 추구를 조장하는 행위를 배제하고 중장기적

64 ワーカーズキャピタル責任投資ガイドラインの改訂について (https://www.jtuc-rengo.or.jp/activity/seisaku_jitsugen/data/20150910_workers_capital.pdf?22)

이고 안정적인 수익 확보에 노력한다. ④운용 방침, 또는 책임투자 수법을 명시하고, 투명성이 높은 운영에 노력한다. ⑤투자처 기업에 반윤리적이거나 반사회적 행위 등이 발견된 경우, 경영진과의 대화나 주주의결권 행사 등 직·간접적으로 자산 소유자로서 적정한 행동을 한다. ⑥운용 수탁 기관에 대해서는 책임투자를 요구하고, 책임투자를 자산운용의 주류로 한다.

또한 렝고는 제 19회 중앙집행위원회(2015년 4월 16일)에서 정부의 기업 거버넌스 개혁에 대한 렝고의 입장을 다음과 같이 제시했다. 즉, 기업 거버넌스 코드와 일본판 스튜어드십 코드는 “자동차의 양 바퀴처럼 양자가 적절히 결합되어 실효적인 기업 거버넌스를 실현하는 것이 중요하다.”라는 것이다.

렝고는 금융청의 ‘기업 거버넌스 코드(원안)’에 대한 노동조합의 구체적인 대응에 대해서는, “노사협의나 노사위원회 등의 장소에서, 코드의 실시 상황에 대해 회사에 설명·협의를 요구하고 노동조합으로서의 체크·제언 기능을 완수하는 것”을 제시하고 있다. 더 구체적으로 기업 거버넌스에 관한 기본적인 사고방식이나 기본 방침 등에 대해서 적절한 정보 제공·설명 및 협의의 실시, 노사의 대화를 통한 직장의 실태나 과제 파악 및 적절한 개선, ESG(환경, 사회, 통치) 문제에의 적극적·능동적인 대응과 이러한 과제에 관한 정보나 대처에 대한 공개, 자사에 머무르지 않고 공급망 전체의 사회·환경 문제 등에 대한 대처와 추진, 여성의 활약 추진을 포함한 다양성 확보의 추진, 그리고 경영진으로부터 독립한 내부 통보 창구의 설치, 정보 제공자의 은닉과 불이익 취급의 금지에 관한 규율의 정비를 특히 요구했다.

렝고는 2023년 8월 24일에 '비즈니스와 인권에 관한 렝고의 입장'[65]을 발표했다. 거기에서 렝고는 노동조합이 비즈니스와 인권 과제에 관여하는 의의로서 ①노동조합이 일상적인 노사관계를 통하여 노동자의 인권에 관한 과제를 제기하고 해결하는 것이 역할의 하나인데, 그러한 역할을 하면서 노조 활동의 촉진으로 연결할 수 있다. ②기업 활동에서 인권침해 리스크의 특정, 인권침해의 예방, 부정적 영향의 경감, 인권침해의 구제라고 하는 인권 실사 과정에 관여하여 인권이 존중되는 일하는 보람이 있는 직장의 실현뿐만 아니라 기업의 사회적 평가의 유지·향상이나 지속 가능성에도 공헌할 수 있다. ③이러한 관여를 통해 노사 간의 신뢰 관계가 깊어져 건설적인 노사관계의 구축으로 연결될 수 있다. 또한, 렝고는 유엔의 지도 원칙의 3개 기둥인 인권 보호의 국가 의무, 인권 존중의 기업 책임, 구제 접

65 business-jinken_RENGO.pdf

근에 대해 렝고, 산별노조, 기업별노조가 대응할 필요가 있다고 밝히며 구체적인 대응 방향을 제시했다. 그중 기업별노조의 대응 방향을 중심으로 보면, ①기업별노조가 자사의 인권 과제 등을 확인하면서 실정에 맞는 방침을 책정한다. ②기업에 대해 인권과 관련한 연수 기회 확보를 요구하고, 비즈니스와 인권을 다루는 노사 대화의 제도화에 노력하고, 유엔의 지도 원칙에 따른 기업의 인권 존중 대응 프로세스에 실효적인 관여를 한다. 이 경우 ②-1 인권 존중 방침을 책정하도록 요구하고, 이미 있는 경우 유엔 지도 원칙이나 최신 상황에 맞는 내용으로 개정을 요구하거나, ②-2 노사협의 등을 통하여 기업이 인권 실사를 하도록 요구하거나 노조가 파악한 현장 정보를 제공하여 문제 해결을 위한 의견 교환을 하고, ②-3 자사뿐만 아니라 공급망 전체의 노동자가 이용할 수 있는 상담창구의 설치 등 고충 처리 메커니즘의 구축을 요구하고, 고충 처리에 적극적으로 관여한다. ②-4 일련의 인권 실사 대응 검증과 정보 공개를 요구하는 등의 활동을 기업별노조에게 제안하고 있다.

3-2. 산별노조의 대응: 금속노협

자동차 총연, 전기연합, JAM, 기간노련, 전전선의 5개 산별연맹이 가입하고 있는 금속노협은 조합원이 약 200만 명이다. 금속노협은 2022년 8월에 「인권 실사에 있어 노동조합 대응 포인트」[66]를 발간했다. 금속노협은 인권 실사를 "기업 활동에서 인권침해를 근절하기 위해 기업이 최대한의 대응 체제를 만들고 계속적인 노력을 하는 것"으로 정의하고, 노조의 주요 역할로서 인권 실사 프로세스에 참가, 고충 처리(인권침해 구제 시스템)에의 참가, 글로벌 공급망에서 인권침해 근절을 위한 관여로 정리하고 있다.

금속노협은 2023년과 2024년에 인권 실사에 관한 정책을 요구했는데, 주요 내용은 ①정부의 '책임 있는 공급망 등에 있어서 인권 존중을 위한 가이드라인'에 대한 개선 요구로서, 노동조합의 관여를 강화할 것, 해외 현지의 국내법이 국제 기준의 요구 수준을 충족하지 않는 경우 국제적으로 인정된 인권을 우선할 것, 인권침해에 대한 대응으로서 '거래 관계의 계속이 초래하는 결과, 즉 회사 평판, 재정상 또는 법률상의 결과를 받아들일 각오를 할 것'을 추가할 것, 기한을 설정하여 가이드라인의 실효성 검증과, 실효성에 의문이 있는 경우 가이드라인의 의무화·법제화 검토 ②인권 실사의 철저한 홍보 ③인권 실사를

66 https://www.jcmetal.jp/files/due-diligence-point.pdf

위한 제도 설계·정비 과정에서 전문가에 대한 재정적 지원 ④기업의 인권 실사 상황을 정부 조달 평가 기준에 반영 ⑤정부가 인권 실사에 관한 방침이나 시책의 검토·실시를 할 때 노동조합을 비롯한 이해관계자와 충분한 협의 ⑥ILO 핵심 협약 중 아직 비준하고 있지 않은 111호(고용 및 직업에 관한 차별 처우에 관한 협약)와 155호(직업상 안전 및 건강에 관한 협약)의 조기 비준 등을 요구했다.

한편, 노동조합 전국 조직인 전노련(조합원 약 70만 명)은 ESG에 대한 구체적 방침이나 운동을 전개하고 있지 않으며, 전노협(조합원 약 9만 명)은 일본 기업의 해외 사업에서 생긴 ESG 위반 사례를 지적하고 시정을 요구하는 운동을 전개하고 있다. 대표적인 사례로 공장 폐업 반대와 고용 보장을 위한 한국 산연 투쟁(약 5년간), 한국 와이퍼 투쟁(약 1년간) 등을 들 수 있다.

4. 기관투자가의 ESG 반영

일본 최대 기관투자가는 연금적립금을 관리 운영하는 GPIF(일본 공적연금)이다. GPIF는 2024년 2분기 말 현재 248조 2,274억 엔의 운용자산액을 기록하고 있다. GPIF은 5개의 투자 원칙이 있는데 그중 네 번째로 "투자처 및 시장 전체의 지속적 성장이, 운용자산의 장기적인 투자 수익의 확대에 필요하다고 생각하여, 피보험자의 이익을 위하여 장기적인 수익을 확보한다는 관점에서, 재무적인 요소에 추가하여 비재무적인 요소인 ESG를 고려한 투자를 추진한다."라고 밝히고 있다.

2023년도 ESG 투자 실적을 보면 일본 국내 주식 ESG 종합지수의 운용자산액은 5조 9361억 엔, 국내 주식 테마 지수(여성 활약/기후변동) 운용자산액은 3조 9884억 엔, 외국 주식(ESG 종합지수 및 여성 활약/기후변동 지수)의 운용자산액은 7조 9081억 엔으로 모두 합하면 17조 8326억 엔에 이른다. ESG 투자는 전체 운용자산액의 7.2%에 달한다. ESG 투자는 다른 투자보다 수익률이 더 높은데, 국내 주식 ESG 연동 펀드의 누계 초과 수익액은 2024년 3월까지 1,242억 엔이었다.

일본 기업 노사의 ESG 사례

여기에서는 글로벌 프레임워크 협정(Global Framework Agreement)[67]을 체결한 일본 기업 3사를 중심으로 ESG 사례를 살

67 결사의 자유, 단체교섭권, 강제노동의 금지, 아동노동의 금지, 차별 배제, 안전하고 건강한 노동환경의 5분야의 핵심 노동협약을 전 세계의 그룹 기업, 공급망 기업에 빠짐없이 준수하도록 기업, 노조, 국제산업별 노동조합 조직의 3자가 핵심 노동협약의 준수, 준수의 실효성 확보, 모니터링의 실시, 신속한 분쟁 해결에 관하여 합의, 약속, 선언, 실천하는 프레임워크이다. 2012년 국제 산별 노동조합 조직인 인더스트리올(IndustriALL Global Union)이 주도한 틀이다. GFA 협정 당사자는 해당 기업의 노사 및 국내 산별조직과 국제 산별조직 4자이다.

펴보고, 한국의 독자들에게 일본의 대표 기업으로 많이 알려진 도요타 자동차와 히타치 제작소의 사례도 추가로 살펴보기로 한다.

1. 타카시마야(Takashimaya)

이 회사는 2008년 11월 일본에서는 처음으로 기업의 노사 간, 일본 서비스/유통노동조합 연합(JSD), 국제산별조직인 UNI(Union Network International)와 글로벌 프레임워크 협정(Global Framework Agreement)을 체결했다. 동사는 1996년 상법 위반 사건을 계기로 재발 방지를 위해 '앞으로의 행동 계획'이라는 사내 내부 통제 시스템을 구축하고, 통계 항목별, 이해관계자별 사회적 책임 항목에 대해 노사가 매년 검증했다. 2008년 아키하바라의 무차별 살상 사건[68]을 계기로 '차별감 없는 직장환경'의 필요성에 대해 노사가 논의하는 과정에서 노동조합이 GFA의 협정 체결을 제안했다. 노조는 체결을 위해 전국의 모든 사업장에서 연 1,300회의 직장 토론을 진행하고 체결을 확정했다. 사회적 책임은 기업만 지는 게 아니라 노동자 개개인이 사회적 책임을 다하

68 어느 파견 노동자가 사회적 배제 등을 불만으로 2톤 트럭을 몰고 빨간 신호등을 무시하고 아키하바라에서 5명의 통행인을 들이받고, 트럭에서 내려와 통행인과 경찰관 등 17명을 나이프로 살상한 사건이다. 동 사건으로 사망자는 5명, 부상자는 10명이었고, 가해자는 사형 판결을 받아 2022년 집행되었다.

도록 하는 것이 기업 가치를 높이는 길로 인식하고, 노조가 기업의 관리 라인과는 다른 입장에서 노사관계를 통해 사회적 책임을 다하는 것을 자신의 역할로 정의한 것이다. GFA 체결로 인해 노사의 사회적 책임 활동이 충실해졌고, 노사 간의 상호 모니터링 체계가 구축되었으며 이를 통해 모든 종업원에게 사회적 책임 의식이 확산되었다고 노조는 밝히고 있다.

회사는 종래 CSR경영에 UN SDGs의 개념을 융합한 ESG경영을 추진하고 있는데, 모든 사람이 21세기의 풍요로움을 실감할 수 있는 사회의 실현에 공헌하는 것을 목표로 삼고 있다. ESG경영의 중점과제로서 다음 10개 항목을 설정하고 있다. 탈탄소 RE100, EV100, 순환형 비즈니스, 플라스틱 폐기 감소, 식품 폐기 감소, 다양성 추진, 일하는 방식 개혁 추진, 시설/서비스의 유니버설화, 지역사회와의 공생, 사회공헌 활동 추진이다. 동사는 10개 항목 중에서도 다양성 추진에 큰 성과를 올리고 있다. '항상 사람이 먼저다.'라는 경영이념 하에 다양성이 성장의 원천으로 자리매김할 수 있도록 모든 사람의 인권을 존중하면서 다양한 개성과 가치관을 수용하여 차별 없이 누구나 근무할 수 있는 환경을 만들고, 종업원이 삶의 보람과 자긍심을 느끼면서 능력을 최대한 발휘할 수 있도록 지원하여 새로운 가치를 창조하는 기업을 지향하고 있다고 밝히고 있다. 이러한 다양성 활동 성과를 인정받아 2014년에는 다양성 경영 기업 100사에 선정되었으며, 2015년과 2016년에는 후생노동성에서 자녀 양육 지원, 여성 활약을 인정하는 인증을 각각 받았고, 2017년에는 '여성이 빛나는 선진기업'으로 내각총리대신 상을 수상했다.

2021년부터 매년 발행하는 'ESG 보고서'를 통해 ESG 활동의 성과를 보고하고 있는데, 환경과 관련하여 전력 사용량은 2019년 392,824MWh에서 2022년 359,793MWh로 감소했고, 재생에너지 사용량은 2020년 처음 1,373MWh에서 2022년 16,854MWh로 크게 증가했다. 사회 영역에서는 과거 5년간의 남녀별 종업원 수, 평균 연령, 근속년수, 관리직 여성 비율, 채용자 수, 외국인 수, 장애자 고용률, 이직률, 육아휴직 취득률, 연봉, 남녀별 임금 차이, 노조 가입률 등을 공시하고 있다. 거버넌스와 관련해서는 과거 5년간의 남녀별 임원 수, 사외이사 수, 감사 수, 임원과 감사의 보수, 내부 통보 건수 등을 상세히 공시하고 있다.

2. 미즈노(Mizuno)

이 회사는 1906년에 창업한 스포츠용품을 생산, 판매하는 기업으로 2024년 3월 말 현재 종업원 수가 3,584명이다. 회사의 노사는 2011년 11월 GFA를 체결했고, 2021년 UN의 글로벌 콤팩트(Global Compact)에 서명한 기업이다. GFA를 체결하면서 ①기업 브랜드 가치나 기업 이미지의 저하를 막고, ②신뢰성이 높고 안정적으로 양질의 상품을 공급할 수 있는 거래처를 확보하고, ③사회적 책임을 다한다는 3개의 목표를 정했다.

미즈노는 ESG 데이터에 대한 체계적인 관리와 공시를 진행하고 있는데, 환경 분야에서 가스, 전력 등 8분야의 에너지 사용량을 공개하고 있다. 에너지 사용으로 인한 탄소 배출량은 2019년 13,807t에서 전반적으로 감소하여 2023년도에는 11,177t이었다. 그 외에 폐기물, 환경 회계, 환경 보전 대책 효과 등도 공시하고 있다. 사회 분야에서는 1차 공급망 507개사 중에서 중요한 공급망 149개사 대상으로 CSR Audit(점검)을 실시하고 있는데, 2023년 기준 35개사에 대한 Audit을 진행했다. 또한 고객상담 과정에서의 제품 클레임 수는 2019년 3,521건에서 2023년 2,325건으로 감소했음을 확인할 수 있다. 그리고 종업원의 남녀별 숫자, 종업원 1인당 노동시간, 잔업시간, 연차휴가 취득 상황, 출산육아휴직 취득 및 직장 복귀 상황, 산재 발생, 관리직 중 여성 비율 등을 공시하고 있다. 거버넌스 영역에서는 임원 보수, 법령 준수 교육 상황 등을 공시하고 있다.

미즈노는 ESG 데이터뿐만 아니라 ESG 방침도 공개하고 있는데 인권과 관련해서는 2022년 경제산업성이 발표한 '책임 있는 공급망 등에 있어 인권 존중을 위한 가이드라인'에 따라 2023년 4월에 인권 방침을 책정했다고 한다. '미즈노 그룹 인권 방침'에는 인권에 관한 국제규범 및 국제 기준의 준수, 공급망 등에서 인권 존중의 책임, 이해관계자와의 대화 및 협의, 인권침해 발생 시 시정 프로세스, 정보 공개, 교육/연수 등의 항목이 있는데, 마지막으로 사업 활동과 관련한 인권 과제로 5개를 관리하겠다고 천명하고 있다. ①차별과 괴롭힘의 배제, ②아동노동과 강제노동의 금지, ③노동기본권의 존중, ④노동조건과 직장 환경에 대한 배려, ⑤안전하고 안심할 수 있는 건강한 노동 환경의 정비 등이다.

GFA 협약 내용(2020년 10월 1일 체결)을 구체적으로 보면, 먼저 체결 주체는 미즈노의 노사 및 UA젠센(일본 최대 산별연맹, 조합원 수 약 190만 명), 인더스트리올 글로벌 유니온 등 기업과 3개의 노조이다. 협정의 목적은 미즈노와 3개 노조가 글로벌 협력 관계를 구축하여 양호한 노사관계를 유지하고, 분쟁의 해결 및 감소 메커니즘을 정비하는 것이다. 협정 체결자는 국제적 노동 기준을 인정하고 가능한 범위 내에서 확실히 적용되도록 협력하고, 회사와 관련 기업에서 ILO 핵심협약 8개[69]가 적절하게 실시되는 것에 공동책임을 지며, 협약 체결자는 공동 노사관계위원회를 설치하여 적어도 1년에 1회 이상 개최를 약속했다. 회사는 CSR 조달 행동규범을 제정하고 이를 가능한 범위 내의 노동자, 경영자, 공급망 기업, 하청업체까지 홍보하며, 협정 체결자는 동 행동규범 내용에 관한 교육 및 훈련을 실시할 수 있으며, 본 협정에 관한 고충 또는 불이행이 있는 경우의 단계별 해결 방법을 제시하고 있다. 1단계로 현지 경영자에게 해결을 요청하며, 현지에서 해결이 불가능한 경우 2단계로 현지의 노조 전국 조직, 그래도 해결이 불가능한 경우 3단계로 국내외 중재기관을 이용할 수 있는데 중재의 판단은 최종적인 것으로 당사자를 구속한다고 명시적으로 약속했다.

3. 이온(AEON)

주로 종합 슈퍼마켓을 운영하는 기업으로 1970년 3사의 합병으로 설립되었는데, 2001년 현재의 기업명으로 변경되었고,

69 제87조 결사의 자유 및 단결권 보호에 관한 협약, 제98조 단결권 및 단체교섭권 원칙 적용에 관한 협약, 제29조 강제노동에 관한 협약, 제105조 강제노동 폐지에 관한 협약, 제138조 취업이 인정되는 최저 연령에 관한 협약, 제182조 최악 형태의 아동노동의 금지 및 철폐를 위한 즉각적인 행동에 관한 협약, 제100조 동일가치 노동에 대한 남녀 노동자의 동일 보수에 관한 협약, 그리고 제111호 고용 및 직업에 대한 차별 처우에 관한 협약.

2024년에는 지주회사를 설립하여 약 300여 개의 계열사를 운영하고 있다. 그룹 전체의 종업원 수는 2024년 2월 말 현재 약 60만 명으로 여성이 41만 명, 남성이 19만 명이다. 2004년 9월에 UN의 글로벌 콤팩트(Global Compact) 참가를 표명했고, 같은 해 인권·노동환경에 관한 국제적인 인증 규격인 SA8000을 취득했으며, 2014년 11월에 GFA를 체결했다.

이온은 2011년에 지속 가능성 기본 원칙을 책정했다. 기본 원칙에서는 "손님을 근간으로 평화를 추구하고, 인간을 존중하며, 지역사회에 공헌하는 것을 기본 이념으로 삼고, 지속 가능한 사회의 실현과 기업 그룹 성장의 양립을 지향한다."라고 지속 가능성 활동의 목적을 밝히고 있다. 아울러 환경과 사회의 영역에서 글로벌 관점으로 사고하고 각각의 지역에 바탕을 둔 활동을 많은 이해관계자와 함께 적극적으로 추진한다고 밝혔다. 지속 가능성의 중점 분야로 탈산소 사회의 실현, 자원순환의 촉진, 생물 다양성 보전, 인권을 존중한 공정한 사업 활동의 실천, 종업원의 행복 실현, 그리고 커뮤니티와의 협동 등을 설정하고 있다. 또한 중점 분야별로 현재의 상황 및 2025년 또는 2030년의 목표를 정량적으로 제시하고 있다. 탈산소의 경우 탄소 배출량을 2010년 347만t에서 2023년 162만t으로 크게 감축

했으며, 점포에서 사용하는 에너지의 50%를 재생에너지로 전환하겠다는 구체적인 달성 계획을 제시하고 있기도 하다.

인권과 관련해서는 2008년 인권 기본 방침을 최초로 공표했고, 2014년 성(性)적 지향·성(性)인지를 이유로 차별하지 않는 것을 명기하고, 2018년에는 해당 항목을 사업 활동 전반의 이해관계자에게 확대하도록 개정하는 등 지속적인 개선과 보완을 진행하고 있다. 2023년에는 국내법과 함께 국제법 및 국제 합의에 따른 인권 존중[70]을 실천할 것, 사업 활동에 의한 인권에 대한 영향에 관해 인권 실사 프로세스를 구축하여 인권이 존중되는 사회 실현을 지향한다고 천명하기도 했다. 이러한 ESG 활동 결과 2024년 닛케이 BP 종합연구소가 실시한 '제5회 ESG 브랜드 조사'[71]에서 종합 1위로 선출되었다. 특히 높은 평가를 받은 분야는 플라스틱 배출 감소 등 자원의 유효 활용, 재활용, 폐기물 배출 감소, 자연보호, 생물 다양성, 종업원의 환경보전 활동들이다.

---

70 국제 인권 헌장, 노동에 관한 기본적 원칙 및 권리에 관한 ILO선언, UN의 기업과 인권 이행지침 등이다.

71 소비자 등을 대상으로 한 조사로 주요 560개 기업 브랜드에 대한 평가를 약 2만 1천 명을 대상으로 실시

4. 도요타 자동차(Toyota)

1937년에 창업했으며, 글로벌 종업원 수는 2024년 3월 현재 약 38만 명, 생산 대수 9263만 대, 판매 대수 9443만 대로 세계 최대 자동차 회사이다. 동 사는 '도요타 행동 지침'을 내고 있는데, 회사 및 자회사에서 근무하는 모든 직원이 준수해야 할 4개 영역의 행동 지침이 명시되어 있다. 사람과의 관계, 사회와의 관계, 성실한 사업 활동, 공정한 활동 분야에 걸쳐 인권, 환경, 부정 방지에 관한 거버넌스가 모두 포함되어 있다.

구체적인 ESG 활동을 살펴보면, 환경 분야에서는 모든 사업 활동을 통해 발생하는 환경 부하를 저감하여 사회 및 지구의 지속 가능한 발전에 공헌하고, 환경 보전에 관한 사회의 폭넓은 층과 연계, 협력관계를 구축하는 것이 기본 자세라고 밝히고 있다. 1992년에 공표하고 2000년에 개정한 '지구 환경 헌장'에서는 환경과 관련된 기본 방침으로 ①풍요로운 21세기 사회에 공헌하기 위해 폐기물 배출 제로에 도전, ②환경 기술을 추구하여 환경과 경제의 양립을 실현하기 위한 새로운 기술 개발과 정착, ③자주적인 환경개선 계획의 책정 및 추진, ④관계사나 관련 산업은 물론, 정부, 지자체를 시작으로 환경 보전에 관한 사회의 폭넓은 층과 연계 및 협력 등을 제시하고 있다.

사회 영역에서는 2021년 9월에 '인권 방침'을 책정하여 UN의 '기업과 인권 이행 지침'을 지지하고 이 지침을 근간으로 인권 존중 활동을 추진할 것을 밝히고 있다. 이 방침은 인권 존중에 대한 관여, 적용 범위, 인권 실사, 시정·구제, 교육, 진척 확인과 정보 공개, 이해관계자와의 대화·협의로 구성되어 있으며, 이 방침은 도요타뿐만 아니라 자회사의 임직원에도 적용되고, 납품사나 판매점을 포함한 모든 비즈니스 파트너가 이 방침을 이해하고 지지할 것을 기대한다고 적시하고 있다. 또한 인재의 다양성과 관련하여 신규 채용 지원서에 성(性)별 기재를 폐지하고, 전사원을 대상으로 다양성 교육을 실시하고 있다.

거버넌스 영역에서는 지속적인 성장과 장기적으로 안정적인 기업 가치 향상의 근간으로서 거버넌스 관리의 중요성을 천명하고 있다. 2017년에 의사 결정과 감독 역할을 수행하는 임원과 업무 집행을 하는 집행임원을 구분하여 역할의 명확화를 꾀했고, 2019년부터는 이사회의 과반수가 사외이사이다. 아울러 거버넌스 체계에서 노사협의회·노사간담회를 포함하여 관리하는 것을 적시한 것이 특이한 점이라 할 수 있다.

5. 히타치 제작소(Hitachi)

1920년에 설립했으며, 2024년 3월 현재 기업 그룹 종업원 수가 약 27만 명이고, 매출액은 9조 7287억 엔으로 일본 최대 전기전자회사이다. 회사는 우수한 자체 기술과 제품을 개발하여 사회에 공헌한다는 기업 이념과 화합, 성실, 개척자 정신이라는 창업정신 아래 ESG 관련 정책을 수립하여 활동을 진행하고 있다. 회사의 '기업 윤리·행동 규범'에는 '사회에 대한 배려'가 포함되어 있는데, ①지구에 대한 배려로서 이산화탄소 등 온실가스의 실질적 제로 실현을 추진하기 위해 모든 이해관계자와 협동, ②인권 존중의 관점에서 모든 사람은 태어날 때부터 자유·평등함을 전제로 사업 활동에 관여하는 모든 사람의 인권을 존중하며 인권·노동법에 관한 국제적인 협약에 따르고 또한 사업 활동을 하는 모든 나라의 법령 존중, ③구체적인 인권 존중 항목으로 노예제 및 모든 형태의 강제노동 폐지, 결사의 자유, 동일노동 동일임금, 평등 대우와 공정한 보수, 차별 금지, 단체교섭의 조직과 참가 보장, ④다양성과 통합의 존중 및 괴롭힘 없는 직장 만들기, 안전과 건강 추진, ⑤지역사회나 세계에 공헌하는 직원의 적극적인 역할 장려 등을 제시하고 있다. 또한 '인권 방침'에서는 UN 인권장전 등의 국제적 규범을 준수하면서 시급한 인권 과제로 강제노동, 아동노동, 괴롭힘, 차별, 안전 위생의 결여, 결사의 자유 침해를 제시하면서 회사 차원의 철저한 관리를 천명하고 있다. 또한 공급망의 조달 파트너에게 '그룹 지속성 조달 가이드라인'을 지키도록 지원하면서, 파트너가 적극적인 준수 의사가 없다고 판단되면 거래 관계를 중단하겠다는 정책을 실행하고 있다. 공급망의 파트너에게 제시되는 노동에 관한 규정을 살펴보면, ①노동자의 채용과 고용 과정에서 강제, 구속, 비자주적이거나 착취적인 감금노동, 노예노동, 인신매매로 얻은 노동력 사용 금지, ②청년 노동자의 고용에 관하여 18세 미만의 노동자 대상 야근이나 잔업을 포함하여 건강과 안전에 위험한 업무에 종사 금지, ③노동시간 준수 항목으로 현지법에서 규정된 한도를 넘겨서는 안 되며, 1주일 총 노동시간은 잔업을 포함하여 60시간 또는 법적 상한 노동시간 초과 금지, ④임금에 관련한 모든 법률을 준수하고, 정확한 보수를 확인하기 위해 충분한 정보가 기재된 임금명세서를 적절한 시기에 노동자에게 제공, ⑤노동자에 대한 인도적 대우로 노동자에게 폭력, 성희롱, 성학대, 체벌, 정신적 신체적 억압, 따돌림, 공공장소에서 창피를 주는 등 일체의 비인도적인 대우 금지, ⑥차별·괴롭힘의 배제 관점에서 임금, 승진, 보수 및 교육훈련 기회 등 채용이나 고용 실무에서 인종, 피부, 연령, 국적 등을 이유로 차별해서는 안 되고 일체의 괴롭힘도 금지, ⑦결사의 자유 보장을 위해 모든 노동자가 자신의 의사로 노동조합의 결성, 참가, 단체교섭, 평화적 집회 참가 권리를 존중하고 노동조건 및 경영 관행에 관해 경영진과 솔직한 의사소통을 하고 공유한다는 내용 등을 제시하고 있다.

ESG 지표를 보면, 그룹 전체에서 이산화탄소 배출량은 2019년 4,374kt에서 2023년 676kt로 크게 감소했고, 화학물질 대기 배출량도 같은 기간 3.88kt에서 0.62kt로 급감했다. 총재해발생률(20만 노동시간 당 사상자)은 2019년 0.37에서 23년 0.16으로 반감했고, 사망재해 건수는 같은 해 5건에서 4건으로 큰 변동은 없었다. 여성 관리직 비율은 같은 기간 8.9%에서 14.1%로 증가했다.

주목할 만한 것은 이 회사의 주도로 2020년 6월 ESG 정보공개연구회(일반 사단법인)를 설립하여 효과적이고 효율적인 ESG 정보 공개의 프레임워크를 탐색하고, 관련 실천 사례를 수집하여 더 좋은 의사결정을 위한 이해관계자들의 상호 이해를 촉진하는 효과를 창출하고 있는 것이다. 2024년 10월 현재 이 연구회에는 117개 기업과 13개 유관단체가 참여하고 있다.

맺는말

일본에서는 역사적으로 기업의 사회적 책임의 연장선에서 ESG 정책이 전개되었다. 먼저 정부의 대응을 보면, 일본 정부가 공식적으로 ESG 관련 정책을 실시한 건 성장 정책의 일환으로 2013년부터 책정한 일본재흥전략이다. 동 전략에서 기관투자가가 수탁자 책임을 다하기 위해 '책임 있는 기관투자가의 제 원칙'(일본판 스튜워드십 코드)과 기업 거버넌스에 관한 기본 원칙을 정하는 '기업 거버넌스 코드'의 제정을 명시하고 실행에 옮겼다. ESG에 직결되는 정책으로 일본의 최대 증권거래소인 도쿄증권거래소가 2020년 3월에 공표한 'ESG 정보 공개 실천 핸드북'이 있다. 이러한 정책은 법제화된 규정은 아니지만 기관투자가나 상장기업의 거버넌스에 대한 가이드라인이라고 할 수 있으며, 법제화된 대표적인 사례는 상장기업의 사외이사 선임·설치를 의무화한 회사법 개정(2019년)이라고 할 수 있다.

인권 및 노동과 관련한 정책으로 일본 정부는 2020년 10월에 '비즈니스와 인권에 관한 행동 계획(NAP)'을 책정했다. 경제산업성은 2022년 9월에 '책임 있는 공급망 등 인권 존중을 위한 가이드라인'을 공표했다. 뒤이어 후생노동성은 2023년 12월에 「국내 노동 분야 정책 수단을 이용한 국제 과제 대응에 관한 검토회(비즈니스와 인권 검토회) 보고서」를 발간하는 등 법제화 수준은 아니지만, 노동 분야에서 인권 존중의 가치를 지속적으로 강조하는 움직임은 분명히 알 수 있다.

고용 공시와 관련하여 2015년에 법제화된 것은 '여성활약 추진법'인데, 동 법에 따라 301명 이상 대기업은 여성 활약 추진을 향한 수치 목표를 넣은 행동 계획의 책정 공표, 여성의 직업 선택에 기여하는 정보의 공표가 의무화되었다. 거기에 2023년 1월에 '기업 내용 등 공시에 관한 내각부령'을 개정, 공표하여 유가증권 보고서에 비재무정보로서 지속 가능성이 새롭게 신설되었다. 지속 가능성에는 거버넌스와 리스크 관리, 인적자본에 다양성 항목을 넣어야 하는데, 여성의 관리직 비율, 남성의 육아휴직 등 취득률 및 남녀 임금 격차가 반드시 들어가야 한다.

이상과 같이 일본 정부의 ESG 대응은 법 제정이나 개정을 통해서 하는 하드 로(hard law)보다는 코드, 지침, 보고서 등 법을 동반하지 않은 소프트 로(soft law)의 대응에 힘이 쏠리고 있다고 말할 수 있다.

노사의 대응을 보면, 최대 경영자 단체인 경단련은 1991년에 '기업 행동 헌장'을 제정한 뒤 6차례에 걸쳐 개정했는데,

2017년 11월 개정 시에는 새롭게 인권 존중에 관한 원칙을 추가했고, '동 헌장의 실행 길잡이'에서는 글로벌 인권 규범의 이해, 인권 실사와 정보 공개, 포용적인 사회 실현을 통해 인권 증진을 꾀할 것을 권장했다. 2020년에 'ESG 투자의 진화, Society 5.0(창조사회)의 실현, 그리고 SDGs의 달성-과제 해결 이노베이션을 위한 투자 촉진'을 발표했다. 경단련의 이런 자주적인 노력으로 회원사의 ESG경영은 진전되었다.

한편, 노동조합 최대 전국 조직인 렝고는 2010년에 '노동자 자본 책임투자 가이드라인'을 만들어 노조가 노동자 자본의 소유자로서 책임과 권리를 재인식하고, 책임투자에 대응할 수 있도록 방향성을 제시했다. 그간 정부의 ESG 동향 등을 고려하여 2015년 9월에 상기 가이드라인의 개정판을 공표하면서, 투자 판단 시 비재무적 요소인 ESG 고려 등 6개의 기본 이념과 자본 소유자로서의 책임투자에 관한 운용 방침 결정 등 7가지의 행동 지침을 제시했다. 그 외에도 정부의 ESG 정책에 대한 대응 방침을 냈다.

다섯 개의 산별연맹 협의체인 금속노협(조합원 약 200만 명)은 2022년 8월에 「인권 실사에 있어 노동조합 대응 포인트」를 발간했다. 인권 실사를 '기업 활동에서 인권침해를 근절하기 위해 기업이 최대한의 대응 체제를 만들고 계속 노력하는 것'으로 정의하고, 노조의 주요 역할로서 인권 실사 프로세스에 참가, 고충 처리, 인권침해 구제 시스템에 참가, 글로벌 공급망에서 인권침해 방지에 참여하는 것으로 정리하고 있다.

앞서 언급하였듯이, 노조의 다른 전국 조직인 전노련은 ESG에 관련 특별한 방침이나 운동을 하고 있지 않고, 전노협은 일본 기업의 해외사업에서 생긴 ESG 위반에 대한 시정 운동을 하고 있다.

다른 한편, 일본 최대 기관투자가인 GPIF는 투자 원칙 중 '투자처 및 시장 전체의 지속적 성장이 운용자산의 장기적인 투자수익의 확대에 필요하다고 생각하여, 피보험자의 이익을 위하여 장기적인 수익을 확보한다는 관점에서, 재무적인 요소에 덧붙여 비재무적인 요소인 ESG를 고려한 투자를 추진한다.'라고 밝히고 있는데, ESG 투자는 전체 운용 자산액의 7.2%에 달한다.

ESG 기업 사례로서 글로벌 프레임워크 협정(GFA)을 체결한 타카시마야, 미즈노, 이온과 일본을 대표하는 도요타자동차와 히타치제작소를 살펴보았다. GFA를 체결한 3사는 결사의 자유, 단체교섭권, 강제노동의 금지, 아동노동의 금지, 차별 배제, 안전하고 건강한 노동환경의 5분야의 핵심 노동협약을 전 세계의 그룹 기업, 공급망 기업에서 빠짐없이 준수하고 있는데, 노동협약의 준수, 준수의 실효성 확보, 모니터링의 실시, 신속한 문제 해결에 대해서도 해당 기업과 동 기업의 노조, 산별조직, 국제산별조직이 협의하고 있다.

도요타자동차는 인권, 환경, 부정 방지와 관련한 거버넌스 내용을 포함한 행동 지침을 책정하여 동사 및 자회사 임직원이 준수하도록 하고 있다. 또한, 2021년 9월에 '인권 방침'을 책정하여 유엔의 지도 원칙을 지지하고 그것에 근거한 인권 존중을 추진할 것을 밝혔다. 2023년 사망재해는 글로벌 전체에서 1건에 불과했고, 일본에서 업무상 부상의 휴업재해 도수율은 0.05로 제조업의 1.29보다 현저히 낮다. 거버넌스 체제에 노사협의회/노사간담회가 포함되어 있다.

히타치제작소는 그룹 기업윤리/행동규범에서 ESG 관련 내용으로 '사회에 대한 배려'를 규정하여, 지구 보전, 인권 존중, 지역, 세계에 대한 공헌의 필요성을 밝히고 있다. 인권과 관련한 인권 방침에서는 유엔, ILO, OECD 등 국제적인 규범의 존중을 천명했다. ESG 지표를 보면, 과거 5년간, 이산화탄소 배출량, 화학물질 대기 배출량이 급감했고, 총재해발생률도 반감했다. 주목할 만한 것은 동사 주도로 2020년 6월 ESG정보공개연구회(일반사단법인)를 설립하여 효과적이고 효율적인 ESG 정보 공개 활동 등을 전개하고 있다는 사실이며, 회원/단체 수가 130에 이른다.

이상 일본의 ESG 정책 및 노사 대응, 기관투자가, 개별 기업사례를 살펴보았다. 전반적으로 일본 정부는 ESG와 관련한 내용에 대한 방향성을 제시하고, 개별기업이 자율적으로 방향성에 맞는 구체적인 시책을 만들어 실천하고 있다. 법제화를 통해 ESG를 강제하는 것은 매우 한정적이었으나 사례를 통해서 본 기업의 ESG의 실행력은 높다고 평가할 수 있다. 더 많은 기업이 ESG 실행의 실효성을 경험하면서 보편화할 수 있는 방안을 모색하는 것이 앞으로의 과제이다. 노조가 어느 정도 그런 방향에 맞추어 참여할 수 있을 것인가 하는 과제도 남아 있다.

참고문헌

경단련,2024,[제3회 기업행동헌장에 관한 앙케트 결과](経団連『第3回企業行動憲章に関するアンケート結果』)

경단련/도쿄대학/GPIF,2020,[Society 5.0 for SDGs](経団連·

東京大学·GPIF)
금속노협,2022,[인권 실사에서 노동조합의 대응 포인트](金属労協『人権デュー·ディリジェンスにおける労働組合の対応ポイント』)
도요타, 2024, [Sustainability Data Book](トヨタ)
도쿄증권거래소,2023,[기업 거버넌스 백서](東京証券取引所『コーポレート·ガバナンス白書』)
미즈노,2024,[Sustainability Report 2024](ミズノ)
오학수, 2011, [CSR 진전을 위한 USR](呉学殊、2011,「CSR進展のためのUSR」 連合総研『DIO』No.264)
이나가미 타케시/렝고총연,2007, [노동ＣＳＲ] (稲上毅·連合総研『労働CSR』NTT出版)
이온,2024,[ESG DATABOOK 2024](イオン)
일본 정부, 2013, 2014, 2015 [일본재흥전략](日本政府、2013,2014,2015『日本再興戦略』)
일본 정부,2020,[비지니스와 인권에 관한 행동계획(2020-2025)](日本政府『ビジネスと人権に関する行動計画』)

타카시마야,2023[ESG REPORT 활동보고](高島屋『ESG REPORT活動報告』)

히타치, 2024, [히타치 통합보고서 2024](日立、『日立統合報告書』)

후생노동성, 2022, [여성활약법에 관한 제도 개정 알림](厚生労働省(2022)「女性活躍推進法に関する制度改正のお知らせ)

후생노동성,2023,[보고서-글로벌 공급망의 인권존중을 향하여](厚生労働省·ビジネスと人権検討会『報告書ーグローバル·サプライチェーン上の人権尊重に向けてー』)

9장.

북미와 EU 사례

노동과 ESG경영은 중첩되는 영역이 존재하며 노사 모두 관심을 기울여야 하지만 노사의 ESG경영은 상대적으로 덜 중요하게 다루어져 왔다. ESG경영이 기업과 정부에 의해서만 추진되는 건 아니며 노동자의 주요 이해 대변 조직인 노동조합도 ESG경영에 대해 제한적이지만 참여를 확대하고 있다. 이번 장에서는 유럽과 미국 등 서구 국가들에서 기업과 노동조합의 ESG경영 가운데 노동과 관련한 사례를 살펴보도록 한다.

넷플릭스의 소외된 작가 발굴

이와 관련하여 다수의 글로벌 기업이 있는 미국 사례가 많은 편이다. 그중에서 최근 급부상한 하이테크 기업인 넷플릭스(Netflix)는 영화 제작에 있어 감독, 제작자 등 주요 스텝의 다양성 보장을 위해 노력하고 있는 것으로 알려져 있다. 예를 들어 5년간 1억 달러의 창작기금(Netflix Fund for Creative

Equity)을 통해 영화 창작을 위한 일자리를 늘리겠다고 밝히기도 했다[72]. 넷플릭스 창작기금은 주로 소외된 지역, 인종, 그룹을 대상으로 창작 활동을 직접 지원하거나 교육과 멘토링 등을 제공하는 사업으로 구성되어 있었는데, 지난 2년간 넷플릭스 창작기금의 구체적인 사례는 다음과 같다.

- 미국에서는 미국 히스패닉 미디어 연합, 아시아-태평양 엔터테인먼트, 미국 원주민 미디어 연합 등 비주류 작가들이 소속된 단체와 함께 공동 작업을 통해 신인 작가, 감독 스텝을 발굴했다.
- 캐나다에서는 소외된 그룹의 작가들에게 영화업계 전문가들의 멘토링 프로그램을 제공했으며 2022년 여름에 영화 <당신은 나의 성인식에 초대받지 못했습니다>의 제작에 참여하도록 했다.
- 인도에서는 신인 감독과 작가들에게 다양한 교육 프로그램을 제공했으며 태국, 캄보디아, 라오스, 미얀마의 영화 제작자들에게도 단편 영화 캠프를 지원했다.
- 넷플릭스의 창작기금은 여성 프로듀서들을 양성하는 데

72 박영주, (2021). 「해외 미디어 기업의 ESG 활동-넷플릭스의 ESG 보고서 분석」, 미디어 이슈와 트랜드, 46, 22~34.

쓰이기도 했다. 또한 전쟁 중인 우크라이나의 창작자를 지원하기 위해 2인 1조로 구성된 48개 팀에 대본 개발 보조금과 전문가의 멘토링을 제공했다.

유니레버의 공급망 내 생활임금 도입

유럽에서도 기업이 중심이 된 사회적 성과 사례가 다양하다. 그중 하나는 영국의 생활용품 글로벌 기업인 유니레버(Unilever) 사례[73]이다. 유니레버는 '더 공정하고 포용적인 사회'에 기여한다는 슬로건으로 다양성, 생활임금 개선, 일의 미래에 대한 로드맵을 제시했다. 모든 관리자 그룹에서 다양성을 고려하여 리더를 선발하고 장애인 고용을 2025년까지 5%로 늘리며 다양성을 위해 매년 2억 유로를 사용한다고 밝혔다.

또한 전 세계 유니레버에 상품과 서비스를 제공하는 모든 이해관계자들에게 2030년까지 적정한 생활을 유지하기 위한 생활임금(living wages)을 보장한다는 계획을 수립했다. 유니레버의 생활임금 정책은 유니레버의 공급사와 관련한 것으로, 공급사들은 공정임금 네트워크(Fair Wage Network)로부터

73 BCTI - Business Commission to Tackle Inequality, (2024). 「How unilever builds and delivers its social performance strategy」

인증을 받도록 했다. 유니레버는 공정한 생활임금 정책에 의해 전 세계에서 적어도 5백만 명의 중소기업 노동자들이 혜택을 볼 것이라고 분석했다. 유니레버에만 전속적으로 물품을 제공하는 공급사의 99%는 생활임금 정책을 가지고 있다고 유니레버 측은 밝히고 있다.

유니레버가 생활임금을 도입할 때 처음부터 수월했던 건 아니었다. 무엇보다 세계 각 지역에 분포해 있는 공급사들은 생활임금과 최저임금을 정확하게 구분하지 못했다. 유니레버가 생활임금 준수 여부를 조사했을 때 많은 공급사들이 생활임금 정책을 도입하고 있다고 밝혔으나 실제는 법적 의무 사항인 최저임금을 준수하고 있었다. 따라서 유니레버는 생활임금은 최저임금과 어떻게 다르고 왜 중요한지를 이해시키기 위해 노력해야 했다.

유니레버는 스스로 강조한 생활임금을 본사뿐만 아니라 지역 공급사들도 함께 책임지기 위해 노력한다고 밝혔다. 유니레버는 생활임금을 지급하지 않는 공급사에 대해 생활임금과 기존 임금의 격차를 조사하고 그 격차를 메울 수 있는 방법은 유니레버와 공급사가 격차를 줄이기 위해 노력하는 것 외에 다른 대안이 없음을 확인하고 공급단가에 단계적으로 생활임금을 위한 인건비가 반영될 수 있도록 하는 등 실질적인 노력을 기울였다.

이외에도 기업이 중심이 되어 사회적 성과를 남긴 사례는 다수 존재한다. 예를 들어 벤 앤 제리(Ben & Jerry's)는 인종 차별 금지에서부터 기후정의에 이르기까지 사회적 성과를 위한 경영 모델을 발굴해 왔다.

공정노동 인증(Fair Labor Accreditation, FLA)

공정노동협회(Fair Labor Association)는 공정노동에 대한 기준을 정하고 기업의 공정노동 인증(FLA)을 실시한다. 공정 노동 협회는 공정한 보상, 생활임금, 공급망 노동 모니터링, 강제 노동 및 아동노동 금지와 같은 주제를 가지고 기업들을 평가한다. 공정노동 인증을 받은 기업은 28개사로 엄격한 기준에 의해 정기적인 평가를 받고 있다.

공정노동협회가 가지고 있는 공정노동 기준은 ILO의 노동 권리, UN의 글로벌 원칙, 그리고 OECD 가이드라인 및 UN 지속 가능한 발전 목표(UN SDG) 등이다. 공정노동협회는 농업에 대한 기준과 제조업 기준을 가지고 있다. 이 중 제조업 기준은 노동자의 권리를 보호하는 고용 규칙 준수, 차별 금지, 괴롭힘 또는 학대 금지, 감옥 노동, 계약 노동 등 강제 노동 금지, 15

세 또는 의무 교육 이수 연령 중 높은 연령 미만의 아동노동 금지, 노동조합 결성 및 단체교섭권 인정, 건강 및 안전한 작업 환경 제공 등을 포함한다.

<표 9-1>은 공정 노동 인증 기업 중 유럽과 미국 기업을 나열한 것이다. 참고로 주요 아시아 기업 중 우리나라와 일본은 인증 받은 기업이 없으며 중국 기업 2개가 포함되어 있다. 유럽 기업 중에는 독일의 스포츠웨어 기업인 아디다스와 퓨마 등이 포함되어 있으며, 이탈리아 스포츠웨어 기업인 아레나와 스웨덴의 아웃도어 업체인 피닉스가 포함되어 있다. 미국 기업으로는 사회적 책임 사례로 널리 알려진 파타고니아(Patagonia)와 한때 아동노동을 활용한 공급사로부터 축구공 등을 공급받

표 9-1. 공정 노동 인증 기업[74]

		기업명
유럽	독일	adidas, HUGO BOSS, PUMA
	이탈리아	arena
	스웨덴	FENIX

74 공정 노동 협회 홈페이지(https://www.fairlabor.org)

미국	‘47Brand LLC, Burton Snowboards, colosseum. Fanatics, Hanesbrands, Lakeshirts.Blue84, New Balance, New Era Cap, LLC, Nike Outerknown, Outerstuff, Patagonia, PopSockets, SanMar Corporation, Under Armour

아 판매해 사회적 비난을 받은 이후 공급사의 노동 관행에 대해 공동의 책임을 지는 나이키를 포함해 New Balance, 47Brand 등 다수 기업이 공정노동 인증을 받은 것으로 나타났다. 상대적으로 미국 기업이 많은 것은 공정노동협회가 미국에서 주로 활동하고 있는 비정부조직이기 때문으로 판단된다.

사업자 단체의 노동존중 프로그램

2004년에 설립된 ‘책임 있는 사업자 연합’(Responsible Business Alliance, RBA)은 과거 ‘전자산업시민연대’(Electronic Industry Citizenship Coalition, EICC)로 회원사들의 공통적인 행동강령을 통해 ESG경영을 실천해 왔으며, 그중에서도 노동과 안전 등 노동자의 권리를 존중하는 프로그램을 도입해 왔다. 회원사는 주로 전자 및 자동차 기업으로 회원사만이 아니라 글로벌 공급업체의 노동권과 인권을 강조한다.

RBA의 행동 지침은 노동자의 결사의 자유를 보장하고 아동노동을 금지하며 임금 및 복지 등에 있어 인간적인 처우 및 차별 금지를 강조한다. 또한 작업장 내 안전을 강조하여 부상과 질병의 원인이 되는 요인들을 제거하여 노동자의 안전을 확보해야 한다고 명시한다. 윤리적인 측면에서는 개인정보를 보호하고 양심선언을 한 직원에 대한 신원 보호 및 보복을 금지하고 있다. 지배구조 측면에서는 노동자의 참여 및 고충 처리를 위한 시스템을 강조한다. RBA는 기업이 회원사로 가입하게 되면 현장 감사를 실시하여 Platinum, Gold, Silver 등 등급 자격을 부여하며 실사에 따른 개선 조치들을 권고한다.

유럽연합의 공급망 실사법에 대한 노동조합의 대응

2024년 6월 24일에 유럽연합(EU)이사회가 '기업의 지속 가능성 실사 지침(Corporate Sustainability Due Diligence Directive, CSDDD)을 승인함에 따라 각 회원국은 2년 내에 기업의 지속 가능한 공급망 실사 지침을 준수하기 위한 국내법을 제정해야 한다. 기업의 지속 가능한 공급망 실사 지침은 공급사 등 공급망 내 인권과 환경에 대한 책임을 강조한 것으로, 잠재적으로 발생할 수 있는 부정적인 영향을 최소화하기 위한 조치이기도 하다.

유럽의 노동조합들은 유럽연합의 CSDDD 승인을 지지하고 독려해 왔다. 노동조합은 기업의 ESG경영이 궁극적으로 노동조합에도 긍정적인 영향을 미칠 것으로 보고 있지만 노동조합의 역할을 대체할 수 있으므로 법 제도를 통해 기업의 ESG경영을 명확하게 할 필요가 있다는 입장이다. 유럽의 노동조합들은 기업의 ESG경영을 직접 촉구하기도 하지만 자국 또는 유럽연합 차원에서 ESG경영을 제도화하는 데 초점을 두었기 때문이다.

독일 금속노조(IG Metall)는 독일의 공급망 실사법의 도입을 촉구해 왔다. 독일은 2021년에 제정한 공급망 실사법을 통해 글로벌 공급망에서의 인권 보호와 개선에 대한 대기업의 책임을 명시했다. 적용 대상은 1,000명 이상을 고용한 4,800여 개의 기업이다. 독일의 공급망 실사법은 아동노동의 금지, 강제노동 금지, 작업장의 안전 보장, 결사의 자유 침해 금지, 불평등대우(임금 등) 금지, 최저임금 보장 등 노동기본권과 관련한 내용을 포함하고 있다.

미국의 기업들이 자발적인 재량에 의해 ESG경영을 중시한다면 유럽 기업들은 법과 제도에 따른 ESG경영을 요구받고 있는데, 이 역시 유럽의 노사관계와 관련되어 있다. 예를 들어, 프랑스는 실사의무법을 2017년에 제정하여 프랑스 내 5,000명 이상의 직원이 있거나 세계적으로 10,000명 이상의 직원을 고용한 프랑스 대기업은 자신의 기업은 물론 공급망 내 업체에 대한 기업 실사를 통해 노동기본권, 노동자의 건강과 안전 등을 모니터링할 것을 명시했다.

노동조합이 유럽연합의 CSDDD 제정을 지지하는 이유는 해당 지침이 노동과 관련한 내용을 광범위하게 포함하고 있기 때문이다. 예를 들어, 공정하고 유리한 노동조건, 노동자가 사택에 거주할 경우 적절한 위생환경, 18세 미만 아동에 대한 가혹한 노동의 금지, 강제적인 노동의 금지, 결사의 자유, 집회, 단결 및 단체교섭에 대한 권리, 동등한 가치의 노동에 대한 불평등한 보수나 출신 국가, 사회적 출신, 인종, 성별, 종교, 정치적 의견을 이유로 한 차별 금지 등은 노동조합이 제안해 온 과제였다.

나아가 유럽연합이 승인한 CSDDD 지침은 국내외 협력회사에 영향을 미치는 대기업의 사회적 책임 역할을 강조한 것으로 노동조합이 관심을 기울여야 하는 이슈이다. CSDDD가 포함하고 있는 대기업의 사회적 책임은 본인 기업만이 아니라 공급사의 인권, 노동, 환경 등을 주기적으로 모니터링하는 것이기 때문이다.

노동조합의 ESG경영 요구

미국과 유럽의 노동조합들은 교섭을 통해 기업의 ESG경영을 촉구하기도 한다. 기업과 노동조합 간에 맺는 노동조건에 관한 집단적인 계약인 단체협약의 의제로 ESG경영이 매번 비중 있게 논의되는 건 아니지만 노동조합은 단체협약을 통해 기업의 사회적 책임을 강조한다. ESG의 다양한 영역 중 S에 해당하는 사회적 책임이 노동조합이 주장하는 이해관계자에 대한 공정한 대우 및 사회연대와 다르지 않기 때문이다. 노동조합은 기업이 노동조합의 역할을 대체하는 것은 원하지 않고 가능하지도 않을 것이라고 믿지만, 기업이 이해관계자를 위한 사회적 책임을 다하는 것은 노동자에게도 긍정적인 영향을 미친다고 믿고 있다.

노동조합은 사회 영역만이 아니라 환경 영역에서도 적극적인 목소리를 내고 있다. 노동조합은 환경 보호를 통해 지속 가능한 사회를 달성해야 한다는 당위적인 믿음에도 동의하지만 그에 앞서 탄소제로의 이행이 노동자의 일자리에 적지 않은 영향을 미친다고 보기 때문이다. 노동조합들이 주목하는 것은 정의로운 전환에 따른 탄소 절감으로 인한 희생을 최소화해야 한다는 입장이다. 정의로운 전환은 지구 온난화로 인한 기후위기를 막기 위해 탄소 배출량을 급격하게 줄여야 하는 인류의 보편적 과제를 인정하면서도 일자리를 잃게 되는 노동자와 지역사회를 위한 대책이 동시에 이루어져야 함을 강조한다.

예를 들어 전미철강노조(United Steelworkers, USW)는 기업의 탄소 배출 감소 등 친환경 생산방식을 촉구하면서 동시에 노동자의 희생을 전제하는 산업 전환이 되어서는 안 된다는 캠페인을 펼치고 있으며, 정의로운 전환을 단체교섭 의제로 다루고 있다. 미국 자동차 노동조합 역시 전기차 등 친환경 생산을 지지하면서 동시에 노동자의 일자리 감소에 대한 대책 등을 요구하는 정의로운 전환 정책을 채택하고 있다.

유럽에서도 정의로운 전환을 위한 노동조합의 적극적인 대응이 이어져 왔다. 영국의 공공부문 산별노동조합인 UNISON은 기후변화의 중요성을 인식하여 선도적으로 대응해 온 노동조합 중 하나이다. UNISON은 노동조합 지속가능발전 자문위원회(TUCDAC)의 창립 멤버이면서 2006년 기후위기방지연합에 가입한 최초의 노동조합이다. UNISON은 2022년 전국 대의원 대회를 통해 지부나 지역 차원에서 지속가능발전위원회에 참여할 것을 만장일치로 결의했으며, 단체협약에도 정의로운 전환과 관련한 내용을 논의하고 포함하기로 했다. ILO의 「사회적 대화 보고서」(2022)에 따르면 유럽 노동조합들은 사용자와 체결한 단체협약에 환경적 책임을 포함하는 경우가 거의 1/4에 가까운 23% 수준이라고 보고했다.

글로벌 협약을 통한 노사의 ESG 실천

노사가 함께 실천하는 ESG 사례 중 대표적인 것은 단체협약으로 ESG 실천을 약속하는 경우이다.

세계적인 패션 브랜드인 H&M은 글로벌 노동조합인 IndustriAll Global Union 및 스웨덴 IF Metall과 함께 전 세계 100만 명 이상의 노동자들에게 적용되는 글로벌 협약을 주기적으로 체결하고 있다. H&M이 글로벌 협약을 체결하여 ESG경영을 실천하기 시작한 시기는 방글라데시 라나플라자 공장 붕괴 사고가 일어난 2013년이다. 이 사고를 계기로 방글라데시 노동조합과 노동자 안전 관련 협약을 이어오고 있으며, IndustriAll 및IF Metall과는 2015년 이후 국제 수준의 단체협약을 안정적으로 체결하고 있다.

H&M의 단체협약에는 전 세계 1,000개 사업장 노동자의 산

업안전 및 노동기본권을 보장하는 내용이 주를 이룬다. 단체협약에 ESG라는 내용이 포함되거나 특별히 사회적 책임을 강조하지는 않지만 대기업의 글로벌 생산 자회사 노동자의 안전과 노동기본권 보장은 사회 영역의 책임과 다르지 않은 내용이다.

구체적으로 H&M이 노동조합과 단체협약으로 합의한 내용은 ILO가 강조하는 양질의 일자리를 만들기 위해 노력하는 것이며, H&M의 노사관계 관련 기준은 모회사와 하청회사에 동일하게 적용한다는 것이다. 이외에도 노동조합 결성 및 활동과 관련한 결사의 자유를 보장하며, 주당 48시간 이상의 장시간 노동을 금지하고 주 1회 휴일을 보장하는 것이다. 예외적으로 자발적인 초과근무는 가능하더라도 주당 12시간을 초과할 수는 없으며, 7일 동안 총 60시간 이상의 노동은 금지하도록 되어 있다. 작업 환경과 관련해서는 깨끗한 식수와 화장실이 제공되어야 하며, 적절한 환기와 온도가 유지되어야 한다고 명시하고 있다. 마지막으로 H&M과 노동조합은 국제협약을 모니터링할 수 있는 위원회의 운영을 합의했다.

2024년에 새로 갱신한 협약은 단체협약의 효과적인 이행을 위한 의사 결정 구조를 강화하고 OECD 가이드라인에 따른 실사 협력 약속, 젠더 기반 폭력 및 괴롭힘 예방 등에 대한 내용을 포함한다. 산업안전 관련 내용도 눈에 띄는데, 노동자들은 안전하게 일하기 위해 안전하지 않은 작업을 거부할 수 있으며, 회사는 작업 거부를 이유로 불이익을 줄 수 없도록 했다. 예를 들어 노동자들은 안전하지 않다는 이유로 작업장 등 건물에서 일하는 것을 거부할 권리가 있다고 명시했다. H&M의 단체협약은 1년 동안 유효하며 매년 갱신을 위해 논의한다.

노동자 퇴직연금을 활용한 ESG 투자

미국의 전국 단위 대표 노동조합인 전미노총(AFL-CIO)은 ESG 경영에 대한 투자가 궁극적으로 노동자의 삶의 질을 개선할 수 있다고 주장한다. 이러한 주장을 반영하여 미국 노동조합들은 회사에 ESG경영을 직접 요구하는 것만이 아니라 노동자의 퇴직연금을 활용한 노동조합의 연금 펀드(union pension funds)를 ESG경영을 중시하는 기업에 투자함으로써 간접적으로 기업의 ESG경영을 촉진하고 있다. 미국에는 270여 개의 기업, 은행 및 공공기관 노동자의 퇴직기금이 존재하며, 이 퇴직기금들은 ESG 친화적인 투자 캠페인에 참여하고 있다.

대표적인 사례로 3,060억 달러 규모의 캘리포니아 주 교사 퇴직연금과 2,420억 달러 규모의 뉴욕 주 공동 퇴직기금 등 최대 규모의 노동자 퇴직연금이 ESG경영을 실천하는 기업에 적극 투자하고 있다. 노동조합은 노동자의 퇴직연금 기금이 ESG 투자를 할수록 기업들이 좋은 일자리를 늘리고 저렴한 주택 및 지역사회를 위한 부수적인 혜택을 창출하는 데 도움이 될 것으로 기대하고 있다.

노동조합의 퇴직연금이 ESG경영을 실천하는 기업에 적극적인 투자를 하면서부터 기업들은 반노조 행위를 하는 것에 부담을 느끼기 시작했다. 예를 들어 미국의 대표적인 무노조 기업이었던 스타벅스에 노동조합이 설립되어 단체협약을 체결했으며, 월마트도 노동조합에 반대하는 무노조 기업 정책을 유지하는 데 부담을 느끼고 있다. 실제 스타벅스는 2024년에 3명의 이사를 새롭게 선임하는 데 있어 노동조합이 추천한 민주당 출신 인사를 이사회 멤버로 승인하기도 했다. 상당한 규모의 노동자 퇴직 연기금이 기업에 대한 투자를 시작하면서 기업들의 노동 정책에 대한 변화가 일어나고 있다.

미국에서 노동자 퇴직연금의 ESG 투자는 2022년에 승인된 것으로 알려져 있다. 친노조 성향인 바이든 행정부 산하의 노동부는 민간 부문 투자사가 경제적 이익을 희생하더라도 ESG에 우선 투자하는 것은 바람직하다는 지침을 발표하면서 노동자 퇴직연금의 ESG 투자도 급물살을 타기 시작했다. 비록 일부 주에서 노동부의 이러한 지침에 대해 반발하고 있으나 노동자 퇴직연금의 ESG 투자는 계속 확대되고 있다.

연구 조사에 따르면, 퇴직연금 기금이 ESG경영을 실천하는 기업에 투자하는 것에 대해 기금에 가입한 노동자들은 기금의 수익성과 별도로 적극적인 지지 의사를 밝히고 있다. 예를 들어 영국 노동자를 대상으로 한 설문조사에서 72%는 연기금의 ESG 투자를 지지하는 것으로 나타났다[75].

노동에 대한 책임을 향한 노사의 노력

ESG의 S영역에 해당하는 노동 분야의 사회적 책임에 대한 노사의 자발적 노력이나 제도적 강제는 점점 확대되고 있는 추세이다. 본 장에서 살펴본 유니레버와 같은 전통적인 기업이나 넷플릭스 같은 새로운 유형의 미국 기업들은 자발적이면서 전략적인 측면에서 노동에 대한 책임을 이행하고 있다. 이에 비해 유럽연합처럼 제도를 중시하는 곳에서는 개별 기업의 자발적인 노력보다 기업 모두가 지켜야 할 최소한의 기준을 수립하는

75 https://www.lgim.com/uk/en/capabilities/defined-contribution/esg-pensions-research/

데 집중하여 공급망 실사법을 승인하기도 했다.

노동조합은 사회적 책임에 대해 다소 유보적이었던 과거의 태도에서 벗어나 ESG를 전략적으로 활용해야 한다는 인식을 확대하고 있는 것으로 보인다. 이를 위해 미국이나 유럽 등 노동조합은 단체협약에 정의로운 전환이나 ILO 핵심협약 등을 반영하고 있다. 이들 노동조합은 사회적 책임이나 ESG를 단체협약에 명시하지는 않았으나 ESG경영의 중요성을 강조하면서 사용자를 설득하는 양상을 보였다. 또한 미국과 영국의 노동조합은 스스로 활용 가능한 노동자 퇴직기금 펀드를 ESG경영에 투자하여 기업의 반노조 정책에 대한 압력 수단으로 활용하고 있다.

플랫폼 노동과 같은 새로운 형태의 노동자가 늘어나고 기후위기에 따른 탄소제로의 실현 및 AI로 대변되는 기술변화가 가속화하면서 노동기본권은 지속적인 관심을 받고 있다. 이를 반영하듯, ESG경영에서도 인권과 노동권에 대한 보장이 강조되고 있으며, 서구의 주요 선진국은 정부와 노사가 모범적인 사례를 축적해 가고 있다. 이러한 노력은 국내에도 적지 않은 시사점을 제공할 수 있을 것으로 보이며, 환경에 대한 책임과 사회에 대한 책임의 균형을 유지하기 위해 노사정이 어떤 노력을 해야 할 것인가에 대한 방향성을 제시한다.

참고문헌

박영주, (2021). 「해외 미디어 기업의 ESG 활동-넷플릭스의 ESG 보고서 분석」, 미디어 이슈와 트랜드, 46, 22~34.

ILO(2022) Social Dialogue Report 2022: Collective bargaining for an inclusive, sustainable and resilient recovery

공정 노동 협회 (https://www.fairlabor.org)

네덜란드PWC컨설팅 (https://www.pwc.nl/nl)

영국 Legal and General Investment Management (https://www.lgim.com)

4 PART

노동과 ESG 미래과제

김영기·이호동·정흥준·김현식

10장.

노동과 ESG 실천과제

'노사 ESG' 모델

기업이 추진하는 ESG 활동의 핵심 이론이 '이해관계자 자본주의(Stakeholder Capitalism)'임은 앞서 3장에서 설명한 바 있다. 기업의 목적이 단순히 주주의 이익만을 추구한다는 '주주 자본주의'와 대비하여, 주주를 포함한 기업을 둘러싼 다양한 이해관계자들의 이익을 두루 실현하는 것을 기업의 목적으로 가져가는 것이 타당하다는 이론이다. 이해관계자 자본주의

그림 10-1. SPICE Model

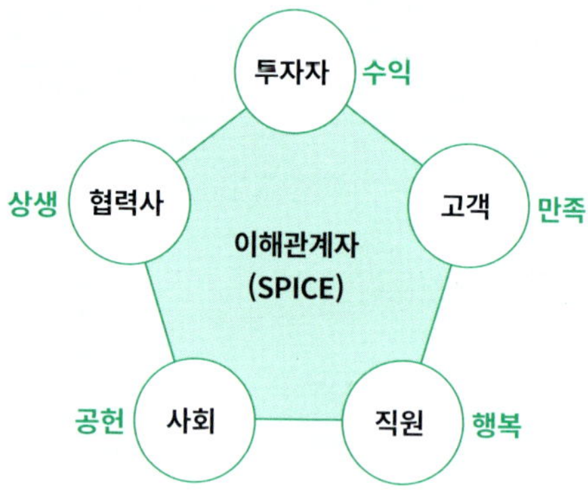

에서 강조하는 기업의 이해관계자 모델로 가장 주목받고 있는 것은 'SPICE Model'이다.[76]

그림 10-2. SPICE+ Model

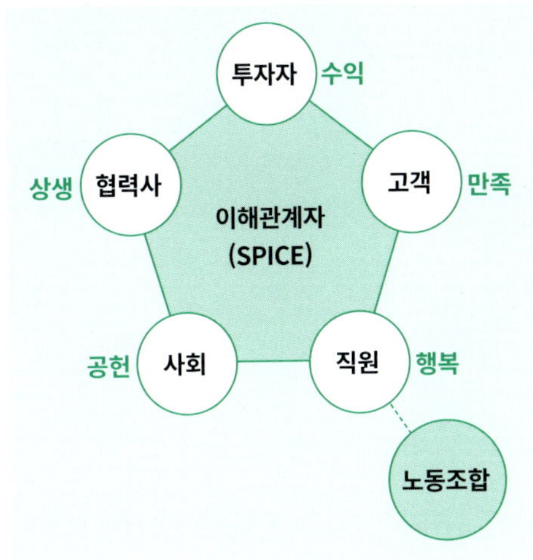

이에 더하여, 기업의 중요한 이해관계자로서 노동조합을 추가하여 제시하는 'SPICE+ Model'에 주목할 필요가 있다.[77] 기업이 ESG 활동 과정에서 다루는 중요 이슈들, 특히 사회(S) 영역의 이슈들은 노동조합의 이해관계와 직접 연결되어 있으며, 노동조합의 주요 기대 사항을 기업경영에 반영하는 것은 너무나 당연하고 필요한 ESG 활동이기 때문이다.

나아가 노동조합도 경제 주체의 일원으로서 필요한 역할과 책임을 다해야 한다는 관점에서 노동조합 스스로의 이해관계자 모델을 정의하고 관리가 필요함을 강조하고 싶다. 노동조합

76 Sisodia, Wolfe, Sheth, 2003
77 산업정책연구원 김영기 원장, 2022

내부적으로는 노사관계의 파트너인 기업(회사)을 중요한 이해관계자로 인식하고 공동의 목표 달성을 위한 협력적 노사

그림 10-3. 노동조합의 이해관계자 모델[78]

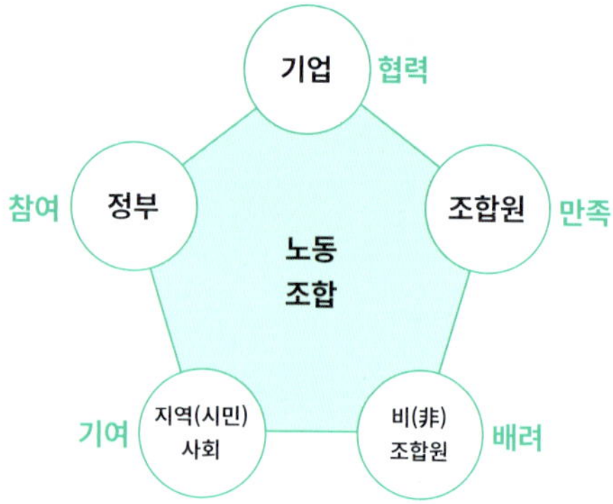

관계 구축에 노동조합의 역할을 다해야 하며, 가장 중요한 이해관계자인 조합원들의 기대 사항 충족을 최우선으로 노력해야 한다. 나아가 사회적 관심이 높아지고 있는 비정규직 문제 등과 연계하여 회사 내에 근무하는 비(非)조합원 근로자뿐 아니라, 우리 사회의 다양한 근로자에 대한 관심과 보호 활동에도 역할을 다해야 한다. 외부적으로는 기업과 노동조합의 운영에 직접 영향을 미치는 정부의 정책 동향을 정확하게 파악하면서 대응하는 활동이 필요하며, 기업과 노조가 활동하고 있는 지역사회와 다양한 시민사회의 목소리에도 관심을 가져야 한다. 그뿐만 아니라 글로벌 공동체의 문제에도 관심을 갖고 노동조합이 할 수 있는 역할을 적극적으로 찾는 노력이 필요하다.

78 산업정책연구원, (2023). 「노사 ESG 실천 가이드라인」

이러한 관점에서 한국 기업의 노동조합이 중심이 되어서 실천할 수 있는 노동과 ESG 실천 과제를 제시하고자 한다. 이는 "기업의 노(노동조합)와 사(기업)가 협력하여 지속 가능한 사회를 만들어가는 전략적 활동"이라고 정의할 수 있다.

그림 10-4 노사 ESG 모델[79]

실천 과제 도출 경과

전세계적으로 다양한 ESG 관리 지표가 존재함에도 노동과 ESG 실천 과제를 별도로 제안하는 이유는 노사가 함께 계획을 세우고 함께 실천할 수 있는 ESG 활동을 강조하기 위함이다. 노동조합이 경영진과 함께 ESG를 계획하고 추진하기 위해서

79 산업정책연구원 김영기 원장, 2022

는 공통된 이해관계가 있는 의제가 반드시 필요하다.

이 책에서 제시하는 노동과 ESG 실천 과제는 산업정책연구원(IPS)과 서울과학종합대학원대학교(aSSIST)가 지난 2021년부터 운영하고 있는 '노사협력 ESG 경영자 과정'을 통해 연구하고 개발한 것이다.[80] 그동안 진행된 5기 과정에 참여한 120여 명의 기업 노사 책임자들의 의견을 바탕으로 실제 한국 기업의 현실에서 노사가 공동으로 실행할 수 있는 과제들을 도출하고 그 실행 방안을 정리했다.

그 과정에서 도출된 수많은 ESG 활동 기준 중에서 지난 2015년에 UN 회원국들이 합의하고 공동 실천하기로 약속한 'UN SDGs'의 17개 목표(169개 세부 목표)를 핵심적으로 분석했다. UN SDGs는 회원국들이 2016년부터 2030년까지 공동으로 달성하기로 약속한 경제성장·사회발전·환경보호라는 3가지 축을 기반으로 '인간 중심의 가치'를 제시했다. 글로벌 시장에서 영향력이 계속 커지는 한국 기업의 위상을 감안할 때, UN 차원의 목표 달성에 직접 기여하는 리더십 발휘가 중요하다는 관점에 따라 많은 ESG 기준 중에서 한국 기업의 노사가 우선 검토해야 하는 사항들을 추려 보았다. 더불어, 전세계적으로

80 https://www.ips.or.kr/04_06.php

'노동' 이슈에 있어 리더십을 발휘하고 있는 ILO(국제노동기구)에서 2022년에 개정한 '다국적기업의 사회정책에 관한 3자 선언'의 내용과 ILO에서 강조하는 '일다운 일(Decent Work)' 지표를 반영함으로써 한국 기업들이 다국적기업으로서의 책임을 다하는 데 기여하고자 했다. 또한 한국 기업의 ESG경영에 직접적으로 영향을 미치는 국내·외의 대표적인 ESG 기준 4개를 분석하고 공통적인 기대 사항을 확인함으로써 한국 기업들이 이해관계자들의 핵심적인 기대 사항을 빠짐없이 노사 공동의 ESG 활동으로 연결함과 동시에, 기업이 추진하고 있는 ESG 활동과 노사 공동의 ESG 활동의 시너지 효과 창출이 가능하도록 구성했다.

- **K-ESG 가이드라인**: 한국 정부 부처 합동으로 2021년 말에 공표된 ESG 기준이며, 한국 기업이 기본적으로 관리·준수해야 할 항목들을 정리한 대표적인 기준.
- **ESG 모범 규준**: 주식시장 상장사들의 ESG경영을 정기적으로 평가하여 투자자들에게 정보를 제공할 목적으로 활용되는 기준이며, 상장사뿐만 아니라 상장사와 거래하는 많은 중견·중소기업들에게도 영향을 미치는 기준.

- **GRI Standards**: 기업들이 비재무 영역의 활동 내용과 성과를 이해관계자들에게 공시하는 과정에서 적용하는 국제 기준이며, 많은 기업들이 지속가능경영(ESG) 보고서를 발간할 때 작성 기준으로 활용.
- **ISO30414**: 2018년 국제표준화기구(ISO)에 의해 공표된 인적자본 정보 공개의 가이드라인이며, 유럽 기업을 중심으로 기업 임직원에 대한 지원 활동 및 공시의 기준으로 활용.

이상의 ESG 표준과 기준을 분석하되, 기업 현장에서 지속적인 실천이 가능하도록 실천 과제를 도출하는 3가지 원칙을 명확히 했다.

① **적용성**: 한국 기업의 ESG경영 활동에 핵심적으로 적용되고 있는 기준 적용.

② **효과성**: 노동조합과 기업의 목적 달성에 충분히 기여할 수 있는 항목.

③ **현실성**: 기업경영 현장에서 노사가 현실적으로 공동 관리·실행할 수 있는 항목.

우선 '적용성' 관점에서 UN SDGs와 ILO의 기준들을 핵심적으로 반영하면서 ESG 관련 대표 기준들을 통합적으로 분석함으로써, 기업이 추진하는 ESG 활동과 노사 공동의 실천 사이의 괴리를 최소화할 수 있도록 했다. '효과성'과 '현실성' 관점의 분석을 통해 기업 현장에서 노사가 공동으로 관리·실행할 수 있는 과제들을 선별함으로써, 노와 사가 고유한 역할을 수행하면서 파트너십을 발휘할 수 있는 과제들로 구성하고자 했다. 특히 고령화 및 저출생 문제 등 한국이 직면하고 있는 국가적·사회적 특성(이슈)을 감안하여 기업에게 요구되는 역할도 반영했다.

노동과 ESG 20개 실천 과제

아래에 제시하는 실천 과제는 회사(기업)의 ESG 활동을 평가하는 항목이 아니다. ESG경영 관점에서 노동조합의 현실적인 참여와 역할이 가능하고 기업과 노동조합이 상호 협력하여 실천함으로써 미래 경쟁력을 제고할 수 있는 항목들을 설명하고 있음을 한 번 더 강조한다.

표 10-1. 노동과 ESG 실천과제 Pool

영역		실천 과제
환경	1	**생물다양성 보존** 기후변화 등으로 위협받는 생태계의 생물다양성 보존을 위해 회사의 사업수행 과정에서 위험 요인을 사전에 발굴·제거하며, 특히 사업장 소재 지역의 생물다양성 보존을 위한 관리 활동을 자발적으로 실행합니다.(지역주민과의 사회적 대화 등)
	2	**용수 관리** 지구온난화로 인한 물 부족 사태를 예방하기 위해 생산 및 조직 운영 과정에서 물 사용량을 지속적으로 절감하며, 폐수에 대한 철저한 관리를 통해 환경에 미치는 부정적 영향을 최소화하는 노력을 합니다.(생산·사무 현장의 개선 활동 공동 추진 등)
	3	**폐기물 관리** 지구의 유한한 자원의 무분별한 사용을 방지하기 위해 회사가 배출하는 폐기물 발생량을 감축하고, 폐기물의 재활용 비율을 제고하기 위한 노력을 기울입니다.(생산·사무 현장의 개선 활동 공동 추진 등)
	4	**에너지 관리** 온실가스 감축에 기여하기 위해 노사가 공동으로 직원들의 자발적 참여가 가능한 활동을 중심으로 생산 과정을 포함한 제반 에너지 사용량을 지속적으로 감축해 나가며, 신재생 에너지 사용을 확대하는 방안을 적극적으로 도입합니다.(생산·사무 현장의 개선 활동 공동 추진 등)
	5	**오염(유해)물질 관리** 지구의 환경에 직접 악영향을 미치는 대기·수질 오염물질의 배출을 지속적으로 저감하는 노력을 통해 지구환경 개선에 기여하고, 근로자들의 안전에 직접 영향을 미치는 작업장에서의 유해물질에 대한 철저한 관리를 실행합니다.
사회	6	**공정한 채용** 채용 과정에서 사회적 이슈인 취약계층(장애인, 경력 단절 여성 등) 고용 확대와 공정하고 투명한 채용 Process 구축을 노사가 공동으로 노력합니다.

영역	실천 과제	
사회	7	**양질의 일자리 창출** 장애인 및 청년을 포함하여 모든 직원을 위한 생산적 완전 고용과 양질의 일자리를 창출하며, 동일가치 노동에 대한 동일임금을 실현하기 위해 지속적으로 노력합니다.
	8	**DE&I 관리** 성별, 장애 유무, 국적 등에 따른 차별 없이 회사와 노동조합이 다양한 인재를 수용하고 포용하는 운영을 할 수 있도록 조직문화와 제도를 점검하고 개선해 나갑니다.(차별 금지 강조)
	9	**워라밸 지원** 평균 수명의 연장과 함께 MZ세대를 중심으로 직원들의 기대가 증가하고 있는 워라밸(일 생활 균형) 기대를 효과적으로 지원하기 위해 법에서 정한 전직지원서비스와 함께 일련의 생애 관리 서비스를 체계적으로 제공합니다.
	10	**직원 인권 보호** 기업경영의 근간이 직원 인권에 대한 철저한 보호라는 노사 공동의 인식을 바탕으로 UN '기업과 인권 이행 지침' 등을 중심으로 국제적인 가이드라인을 준수하고 제반 인권 취약 요인을 철저히 관리합니다. (성희롱 예방, 괴롭힘 예방)
	11	**노동 취약계층 보호** 국가적 차원의 노동시장 유연화에 대응하여 회사에서 근무하는 비정규직 및 이주 노동자 등 취약 근로자(불안정한 고용 상태에 있는 근로자)들의 인권 및 제반 노동환경 보호를 위하여 노사가 책임감을 가지고 노력합니다.
	12	**사업장 안전보건** 직원의 안전보건을 위한 체계적인 관리를 노사가 공동으로 추진하며, 특히 산업재해 예방 및 정신건강(EAP, 근로자 지원 프로그램) 지원, 그리고 비상상황(지진, 화재 등) 대응 활동을 철저히 관리함으로써 직원의 생명과 건강을 보장하고자 노력합니다.

영역		실천 과제
사회	13	**국내외 노동기준 준수** 근로시간 등의 국내법 규정과 아동노동 금지, 강제노동 금지 등 국제적으로 약속된 노동 관행 준수를 위해 노사가 철저히 점검하고 지속적으로 관리합니다.
	14	**직원 교육훈련** 본격화되는 4차 산업혁명 및 평균수명 연장 등에 효과적으로 대응하기 위해 직원 대상의 지속적이고 체계적인 교육훈련 프로그램(Re-skilling, Up-skilling)을 제공합니다.
	15	**기업보안 및 개인정보 보호** 날로 증가하고 있는 물리적·인적 요인에 의한 기업 정보의 침해에 효과적으로 대응하며, 기업과 노동조합이 관리하고 있는 고객, 협력사 등 다양한 이해관계자의 개인정보 침해에 대한 법/규제 요건을 명확하게 인식하고, 개인정보 침해 사건이 발생하였을 경우 이에 대한 구제 활동을 신속히 추진합니다.
	16	**협력사 ESG 지원** 우리와 거래하는 협력사들의 경쟁력 제고를 위해 ESG경영 관점의 노동·인권·환경 등의 분야에서 노사가 공동으로 협력사의 애로사항을 청취·해결하며, 특히 노동조합의 경험과 강점을 활용한 진단·컨설팅·지원 활동을 실행합니다.
	17	**글로벌 지역사회 기여** 기업시민으로서의 역할 수행을 위해 UN SDGs(지속가능개발목표)를 중심으로 사회적 취약계층 보호 등 제반 사회·환경적 문제 해결에 앞장서며 그 과정에서 회사와 노동조합의 강점을 활용한 전략적 사회 공헌과 직원의 참여 기회 제공을 핵심적으로 실천합니다.
지배구조	18	**윤리경영** 투명하고 공정한 조직 운영을 위한 노사 공동의 윤리 기준을 정의하고 경영진 및 노조 간부들의 솔선수범, 그리고 전(全) 직원의 참여를 위한 지속적인 관리 활동을 실행합니다.

영역	실천 과제	
지배 구조	19	**근로자 참여** 철저한 노동3권의 보장과 함께, 근로자들이 경영활동에 참여할 수 있는 기회를 제공함으로써 공정하고 투명한 조직 운영 및 경영성과 창출에 기여할 수 있는 조직 풍토를 조성합니다.
	20	**사회적 파트너십 활성화** 이해관계자가 기대하는 역할을 다하기 위해 사회적 대화를 포함한 다양한 외부와의 파트너십을 강화하고, 회사와 노동조합이 보유한 지식·전문성·기술과 재원을 공유하는 노력을 전개합니다.

이 책에서 제시하는 20개의 실천 과제는 한국 기업의 공통 과제라고 할 수 있다. 각 기업과 노동조합의 상황과 입장을 반영하여 필요한 실천 과제에 대한 추가 및 제외는 당연히 필요하다는 의미이다. 예를 들어, EU에서 발효된 탄소국경조정제도[81]의 직접 영향을 받는 철강 및 시멘트 업종의 기업은 노동조합과 긴밀히 협력하여 탄소 절감에 대한 당면 과제를 우선 해결할 필요가 있을 것이기에 노와 사가 머리를 맞대고 전략적인 선택과 집중을 반드시 해야 한다는 제안을 한다.

제시된 20개의 실천 과제에 대한 세부 설명 및 실행 방안 등의 상세한 자료는 산업정책연구원 사이트에서 확인이 가능하다.[82]

81 상세 내용 3장 참조

82 https://www.ips.or.kr/02_06_view.php?idx=35508&page=

노동과 ESG 실천을 위한 변화 관리 방안[83]

주식시장 상장사들을 중심으로 정기적으로 지속가능경영(ESG) 보고서를 발간하는 기업이 늘어나고는 있지만, 대부분의 한국 기업에게 ESG경영(활동)은 아직은 새로운 경영 활동으로 인식되고 있다. 더욱이 노사가 협력하여 ESG 활동을 공동으로 추진하고 이를 통해 기업과 노동조합 모두의 미래 경쟁력을 제공한다는 '노동과 ESG 활동'은 많은 기업에게 생소하게 다가올 수 있다. 그렇기에 노사협력 ESG 활동을 도입·추진하기 위해서는 일련의 변화 관리(Change Management) 활동이 반드시 필요하다. 변화 관리는 "특정한 변화 목표를 향해 조직을 체계적(단계적)으로 관리해 나가는 일련의 과정"을 의미한다. 좀 더 개념적으로 상세히 풀어 보면 "예측 불가능하고 불확실한 대내외 환경과 경영 맥락(Context)의 변화에 효과적이고 효율적으로 대응하기 위해서 일련의 계획을 수립하고 실행하고 촉진해 나가는 프로세스"라는 의미이다. 회사와 노동조합 그리고 조합원의 동의와 지지를 획득하면서 소기의 목표를 달성하기 위한 효과적인 관리 활동이 필요하고 그 과정에서 체계적인 단계별 활동 계획을 수립해야 한다는 것이다.

83 김현식, (2023). 「직원 중심의 ESG경영」

기업의 모든 경영 활동과 마찬가지로, 변화 관리 활동도 기본적으로는 'PDCA cycle'을 기준으로 관리하면 된다. 이에 노사관계의 특성을 반영하여 5단계의 도입/실천 Process를 아래와 같이 제시하고자 한다.

■ 그림 10-5. 노동과 ESG 변화 관리 Process

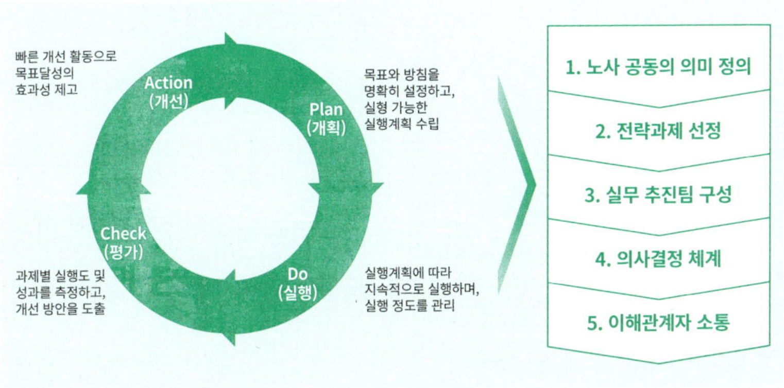

1. 노사 공동의 의미 정의

ESG경영의 개념이 무엇이고, 우리 노와 사가 노사협력 ESG 활동을 추진한다는 것이 어떤 의미가 있는지를 노사 대표가 심도 있게 논의하고 검토해야 한다. 명확한 의미 정의 없이 추진하는 노사협력 ESG 활동은 자칫 일시적이고 보여주기식의 활동에 머물 가능성이 높기에, 종국적으로 조합원을 포함한 이해관계자들의 신뢰를 저해할 수 있는 부작용으로 연결될 수 있다.

노사협력 ESG 활동의 의미를 명확히 정의하기 위해서는 우선 ESG의 개념과 실행 방안에 대한 회사와 노동조합 관계자 대상의 교육을 통해 인식 수준을 높이는 활동이 필요하다.

2. 전략 과제 선정

기업이 ESG경영을 추진하는 과정에서 가장 핵심적으로 진행하는 Process는 중대성 분석(Materiality Analysis)이다. 수많은 ESG 이슈 중에서 우리 기업의 입장에서 중요하면서 이해관계자들의 기대가 높은 이슈를 분석하고, 이 이슈 해결에 ESG 활동을 집중하는 작업이다.(Ex. 물 사용량이 많은 반도체 기업이 용수 사용량 절감 활동에 집중) 마찬가지로 노와 사가 공동으로 ESG 활동을 시작하면서 핵심적으로 집중할 과제가 무엇인지를 분석하고 결정하는 과정이 반드시 필요하다. 이 과정에서 앞서 제시한 20개의 실천 과제를 유용하게 활용할 수 있을 것이다.

3. 실무 추진팀 구성

기업과 노동조합의 모든 활동과 마찬가지로 노사협력 ESG 활동도 철저한 실행이 뒷받침되어야 한다. 이를 위해 꼭 필요한

게 노사 공동의 ESG 추진팀이다. 회사와 노동조합의 핵심적인 이해관계자들을 참여시킬 수 있고, 추진 과제들에 대한 실행을 모니터링하고, 실행 과정에서의 문제점을 조기에 해결할 수 있는 역할을 수행하는 팀이다. 실무팀의 성공적인 역할 수행을 위해서는 회사와 노동조합 대표자들의 실무팀에 대한 강력한 승인과 지원이 필수적이다.

4. 노사협력 ESG 의사결정 체계

노사협력 ESG 활동이 해당 기업과 노동조합의 핵심 활동으로 정착하고 이를 통해 소기의 성과를 창출하기 위해서는 공식적인 의사결정 체계가 반드시 필요하다. 일반적으로 ESG경영 활동 과정에서 'ESG위원회'란 이름으로 이사회 차원의 공식적인 의사 결정과 리더십 발휘를 이해관계자들이 기대하는 것과 동일한 맥락으로 이해할 수 있다. 지금도 일부 기업에서 ESG위원회 멤버의 일원으로 노동조합이 참여하는 방식을 채택하고 있는데[84], 향후 노동조합이 수동적 방식을 넘어서 기업과 노동조합이 운영하는 책임 있는 회의체(노사협의회 등)를 통해 노사협력 ESG 활동의 진행 상황을 정기적으로 점검하고, 주요 장애

84 7장의 한국환경공단 사례 참조

요인들에 대한 문제 해결을 결정하는 노사 공동의 리더십이 필요하다.

5. 이해관계자 소통

ESG경영은 본질적으로 기업을 둘러싸고 있는 이해관계자들의 기대와 요구에 부응하는 '이해관계자 경영'이라고 할 수 있다. 그렇기에 ESG 활동 과정에서 이해관계자들과의 지속적인 소통과 설명이 핵심적으로 요구되고 있다. 많은 기업들이 자사의 ESG 활동 내용과 성과를 설명하기 위해 정기적으로 ESG 보고서를 발간하는 이유이다. 이런 관점에서 노사협력 ESG 활동을 추진하는 과정에서 놓치지 말고 관리해야 하는 중요한 활동이 바로 이해관계자 소통이라고 할 수 있다. 조합원의 권익 향상을 존재 이유로 하면서 조합원과의 쌍방향 소통을 하고 있는 노동조합의 입장에서는 ESG 활동 추진 과정에서 더욱 세밀히 조합원의 의견을 청취하고, 활동 결과를 정확히 설명해 줄 필요가 있다. 나아가 내부 조합원뿐만 아니라 노동조합을 둘러싸고 있는 다양한 이해관계자들에게도 더욱 적극적인 소통 활동을 추진할 필요가 있다. 기업이 발간하는 ESG 보고서에 노사협력 ESG 활동 설명 세션을 추가하거나, ESG 보고서 내용에 대한 노동조합의 의견을 추가로 설명, 조합원 대상의 뉴스레터 정기 발행, 조합원과의 ESG 활동 간담회 등 그동안 회사와 노동조합이 실행해 오던 다양한 소통 프로그램을 활용하여 노사협력 ESG 활동에 대한 설명 및 의견 청취가 가능할 것이다.

참고문헌

산업정책연구원, (2023). 「노사ESG 실천 가이드라인」

김현식, (2023).「직원 중심의 ESG경영」

법무부, (2021).「기업과 인권 길라잡이」

산업부, (2022).「공급망 대응 K-ESG 가이드라인」

상공회의소, (2024).「주요 업종별 ESG 가이드북」

엘라 F. 워싱턴, (2023).「다정한 조직이 살아남는다」

이영면 外, (2020). 「글로벌 시대의 노사관계, 길을 묻다」

존 코터, (2007).「기업이 원하는 변화의 리더」

11장.

노동과 ESG의 미래

완벽한 사회를 실현하는 것도 어렵지만 그렇다고 해서 변화 없이 정체된 사회도 가능하지 않다. 인류는 한 발 앞으로 나아가기 위한 역사를 만들어 왔고, 그러한 공동체의 노력 중 하나가 기업의 사회적 책임인 ESG이다. 그동안에도 ESG와 관련된 서적들이 없었던 건 아니다. 하지만 대부분 경영의 측면에서 ESG를 기술적으로 접근한 것들이었다. 아쉽게도 노동의 관점에서 ESG를 살펴본 연구는 상대적으로 제한되어 있었다. 이 책은 1장에서 10장까지 노동과 ESG가 어떤 관계를 가지며, 기업과 노동의 변화하는 패러다임이 ESG와 어떤 관계를 가질 수 있는지와 함께 국내외 사례를 제공했다.

더 나은 자본주의와 노사의 ESG

세계는 불평등, 기후위기, 국가 간 갈등과 국지적인 전쟁, 디지털화에 따른 AI의 위협 등 이전에 경험하지 못한 새로운 복합 위기에 직면해 있다. 어느 하나 해결하기 쉽지 않지만 공통점은 인류가 해결해야 할 과제가 기업 활동과 밀접하게 관련되어 있다는 사실이다. 그렇다고 해서 문제를 해결해야 할 책임이 기업에게만 있는 것은 아니며 혼자서는 해결할 수도 없다. 정부를 포함해 다양한 이해관계자가 함께 노력해야 한다. 사회적 과제가 기업과 관련되어 있지만 기업 스스로 해결할 수 없기 때문에 ESG에 주목하는 것이다.

300여 년의 역사를 가지고 있는 자본주의는 시장실패라는 내재적 한계를 가지고 있음에도 붕괴하지 않았다. 스스로 문제점을 개선하면서 발전을 거듭해 왔기 때문이다. 또한 자본주의가 하나의 모델로 발전해 온 것도 아니다. 이른바 자본주의의 다양성인데, 점진적 사회개혁을 강조하는 북유럽의 사민주의 모델이 있는가 하면, 시장의 역할을 강조하는 미국과 한국 같은 자유시장경제 모델도 있고 그 중간 즈음에 유럽형 조정시장경제 모델도 존재한다. 각각의 자본주의 모델은 정도의 차이는 있지만 자본주의에 도전하는 위협을 극복하려고 노력한 결과물이다. 구체적으로 국가는 복지국가 모델로, 노동조합은 단체교섭으로, 기업은 사회적 책임으로 각자의 위치에서 자본주의의 약점을 보완해 왔다. 그 결과 더디지만 더 나은 사회로 조금씩 진화해 왔다.

과거의 자본주의는 계급 갈등에 기초한 분배 문제가 핵심적인 쟁점이었으나 최근의 자본주의는 전통적인 이슈만이 아니라 기후위기, 디지털 전환 등 새로운 사회·환경적 과제가 중요해졌다. 노동 현안에 있어서도 전통적으로 기업 내 고용관계와 이를 해결하기 위한 단체교섭이 중요한 책임이었으나 최근 노사관계는 직접적인 고용계약이 아닌 특수고용과 플랫폼 노동 관계가 해결해야 할 쟁점으로 떠오르고 있다. 예를 들어 산업 전환만 하더라도 노동과의 정의로운 전환이 조화롭게 이루어지지 않는다면 실현되기 곤란하거나 추진되더라도 누군가는 희생이 뒤따르는 시장실패가 발생한다.

그동안 ESG는 환경에 대한 책임을 불균형적으로 강조해 왔으나 환경만이 아닌 사회적 책임과 이를 실현할 수 있는 지배구조의 설계 등 균형적인 책임이 중요한 과제가 되고 있다. 이를 위해 정부의 규제도 확대되고 있다. 공급사의 노동인권을 모니터링하는 유럽의 지속 가능성 실사 지침이 2028년에 본격 시행될 예정이며 우리나라도 상생협력법에서 원청의 책임을 구체적으로 부과하고 있다. 최근에는 원청기업의 교섭 의무를 부과하는 노동조합법 개정도 논의 중이다.

이러한 맥락에서 이 책은 ESG가 실질적인 성과를 거두기 위해서는 기업의 핵심 이해관계자인 노동과의 협업이 필요함을 강조했다. 기업 내 노동조합이 조직되어 있는 경우 노사가 힘을 모아 사회적 실천 과제를 모색하는 것이 더 많은 사회적 성과를 낳을 수 있으며, 이는 기업만이 아니라 노동자에게도 긍정적인 영향을 미치기 때문이다.

경영, 노동, 사회 패러다임의 변화

현대 기업은 여러 측면에서 ESG경영을 피하기 어려운 상황을 맞이하고 있다. 기술적 측면에서 인공지능의 발달로 더 많은 데이터를 사용하게 될 것이며, 이는 개인정보에서부터 인간의 감수성에 이르기까지 기업에 다양한 윤리적 도전을 낳을 것이다.

규제 측면에서 기업의 사회적 책임에 대한 정부 혹은 국제적인 규범들이 강화되고 있다. 많은 나라들이 ESG 공시를 의무화하고 있다. 우리나라 역시 ESG 경영공시의 구체적인 시점을 논의하고 있어 ESG경영을 선택으로 받아들이기 어려운 환경이다. 오히려 전략적인 기업일수록 ESG를 활용해 미래의 경영 리스크를 줄이기도 한다.

현대 기업이 경영실패를 겪지 않으려면 패러다임의 변화는 불가피하고 이는 ESG경영과 밀접하게 관련되어 있다. 패러다임의 변화는 과거 전통적인 목표였던 주주 가치 중심 경영을 사람 중심 경영으로 전환할 필요가 있다. 기업이 경쟁에서 생존하고 계속 성장하기 위해서는 다양한 이해관계자를 고려할 필요가 크기 때문이다. 나아가 경영 패러다임의 변화는 기업의 지배구조를 투명하게 하고 윤리적인 경영을 강조하는 방향으로 영향을 미치고 있다. 새로운 경영 패러다임은 기업의 노사관계 전략에도 영향을 미치는데, 대립적인 갈등 대신 협력과 공존의 방법을 선택하기 때문이다.

노동조합도 더 나은 사회로 나아가는데 책임을 다해야 한다. 전통적인 노동조합 운동이 조합원의 이해를 대변하고 노동조건을 개선하는 역할이었다면, 노동운동의 새로운 패러다임은 노동조합의 테두리에 있지 않으면서 보호받지 못하는 노동자를 포용하는 역할로 확대해야 한다. 노동조합의 고유한 역할인 부의 재분배가 기업이나 조합원에게만 배타적으로 적용하는 것이 아니라 사회 전체로 확산할 필요가 있기 때문이다.

노동조합의 사회적 참여는 노동운동의 고립을 막고 대중적 지지를 튼튼히 만드는 것이기 때문에 노동조합이 추진해 온 노동조합 재활성화와도 긴밀하게 관계되어 있다. 노동조합의 사회적 책임은 취약노동자를 위한 사회연대전략으로 이해할 수 있지만 사회 전반에 확대된 반노조 정서를 극복하기 위한 전략으로도 기능할 수 있다. 노동조합의 ESG는 기업에 대한 모니터링에서 벗어나 기업이나 사용자 단체와 공동으로 ESG 프로그램을 실천하는 것일 수도 있고, 아니면 노동조합 스스로 사회적 책임 프로그램을 만들어 운용할 수도 있다.

사회 변화도 ESG경영의 확대를 요구한다. 우리 사회의 전통적인 과제가 경제 개발과 양질의 일자리였다면 최근에는 고령화, 저출생 등 인구구조 변화와 노동시장 이중구조 등 노동의 과제가 크게 부상하고 있다. 이는 경제 발전 못지않게 소득 불평등도 계속 확대되어 일자리를 창출하는 것보다 기존 일자리 간 차별을 완화해야 할 과제가 더 시급해졌기 때문이다. 기술변화로 인해 특수고용, 플랫폼 노동 등 새로운 고용관계를 가진 노동자들이 늘어나면서 노동관계법의 보호를 받지 못하는 사각지대도 이전보다 확대되었는데, 이 역시 어느 수준의 보호가 적절할지를 정해야 한다.

노동시장 내에 만연해 있는 차별을 극복하지 못할 경우 대한민국의 성장에는 한계가 있을 수밖에 없다. 이를 극복하기 위해서는 초기업 수준의 교섭 관행을 확대하고, 직무급을 활용한 동일노동 동일임금이 실현될 수 있도록 노력하며, 원청의 사용자 책임 범위도 제고할 필요가 있는데, 이러한 정책들은 노동조합, 기업, 정부 등 어느 한쪽이 추진해서 될 일은 아니고 노사정이 고른 책임감을 가지고 사회적 대화 등을 통해 실천적인 방법을 모색해야 한다.

노사가 함께하는 ESG 사례를 통한 희망 찾기

새로운 자본주의 3.0이 도래하는 시점에 ESG경영이 어떤 역할을 할 수 있으며 기업과 정부, 그리고 노동조합은 무엇을 할 수 있을지에 대한 논의가 국내만이 아니라 세계적으로 확대되고 있다.

우선 국내 노사의 ESG의 사례가 꾸준하게 증가하고 있다. LG전자노동조합은 오래전부터 사회적 책임 활동을 전개해 왔으며, UN 경제사회이사회로부터 노력을 인정받아 UN 경제사회이사회에 의견을 피력할 수 있는 지위를 획득하기도 했다. 물류업체인 LX판토스는 노사가 함께 산업안전을 제고하기 위해 노력하고 있으며, 대한산업안전협회는 노사가 함께 사회공헌위원회를 만들어 기후위기에 대응하는 실천 프로그램을 기획하는 등의 활동을 하고 있다. 한국환경공단도 노사가 함께 ESG 위원회 활동을 하고 있는 등 노사 공동의 ESG 활동이 본격적으로 이루어지고 있다. 최근에는 노사가 함께 기금을 출연하여 재단법인을 만들고, 이를 통해 사회연대활동을 하는 사례도 계속 증가하는 추세이다.

일본의 사례를 보면 정부가 주도적으로 지침을 만들어 실천 강령을 제시하고 노사가 이에 호응하는 방식이었다. 예를 들어 일본은 2015년에 '일본재흥전략'을 발표하고 이를 바탕으로 책임 있는 기관투자자 원칙을 발표했다. 여기에는 기업의 사회적 책임 관련 지침이 포함되어 있었는데, 주주 외 이해관계자와의 적절한 협동, 정보 공개와 투명성 확보 등의 내용이었다. 이어 2016년에 '기업 거버넌스 코드'를 발표하여 기후환경에 대한 대응, 인권 존중, 노동자 건강권 보호, 공정하고 적절한 처우 등 기업의 역할을 명시했다. 2020년에도 '비즈니스와 인권에 관한 지도 원칙'에 관한 행동 원칙을 발표했다.

정부 지침에 대해 기업들은 대체로 수용하려는 입장이었고, 일본의 대표적인 전국 단위 조직인 렝고는 이미 2010년에 '노동자 자본의 책임 있는 투자 가이드라인'을 발표하여 노동자 자본이 과도한 단기순이익에 집착하지 않고 윤리경영을 도모하도록 노력한다는 명시적인 원칙을 수립한 상태였기 때문에 정부 지침에 적극적이었다. 예를 들어 2023년에 '비즈니스와 인권'에 관해 렝고는 노동조합이 기업의 인권침해 리스크를 줄이는 데 동참하고 이를 통해 협력적이고 발전적인 노사관계를 구축할 것이라고 밝혔다. 노사의 ESG 협력 사례로 타카야시마, 미즈노, 이온 등 기업 사례를 통해 국제협약, 에너지 절약, 고객보호 등이 어떻게 이루어지고 있는지를 살펴보았다.

기타 해외 사례는 유니레버, 넷플릭스처럼 기업이 자발적으로 노동과 관련한 사회적 책임을 다하는 사례가 있는가 하면 개별 기업이 아닌 사업자 단체가 자체적인 회원사를 대상으로 윤리경영 실천 지침을 운용하고 검증하는 경우도 있었다. 이 외에도 공정노동협회처럼 시민사회단체가 기업에 대한 인증을 통해 사회적 책임을 강제하는 경우도 있었다. 유럽 등의 경우 기업별노조가 아닌 산별노조 체계를 갖추고 있어 기업 수준에서 ESG 활동이 이루어지기보다 산업별로 기업의 사회적 책임을 요구하는 지속 가능성 실사 지침이나 산별협약 시 ESG 실천 사례 등이 포함되는 형태였다. 특히 노동조합은 정의로운 전환에 대한 관심이 많아 이와 관련한 그린 협약을 다수 확인할 수 있었다. 미국에서는 노동자 연금을 활용한 사회적 책임투자도 활발하게 이루어지고 있었다.

이상의 사례들은 ESG경영이 환경에만 국한되지 않고 노동의 영역에서도 모범적으로 이루어지고 있음을 보여준다. 또한 ESG경영을 통해 자본주의의 위기를 극복할 수 있는 구체적 방법을 제시한다. 더 중요한 건 ESG경영이 기업의 고유한 전유물이 아니라 노사가 함께 실천할 수 있으며, 이를 통해 얻는 노동자, 기업, 그리고 사회 전체의 효용이 크다는 사실이다.

노사가 함께하는 ESG의 미래 과제

10장에서 노사가 함께하는 ESG 의제와 방법들을 살펴보았다. 노사의 ESG 의제는 주로 기업 수준에서 실천할 수 있는 이십 개의 과제들로 K-ESG 가이드라인, ESG 모범 규준, GRI Standards, ISO30414 등을 참고하되, 노사 공동의 적용성·효과성·현실성을 고려한 것이었다. 나아가 노사가 어떻게 공동으로 ESG 프로그램을 실천할 수 있는지에 대한 프로세스도 제안했다.

이 장에서는 기업을 넘어 업종, 산업, 지역 수준에서 노사정이 함께 할 수 있는 ESG 실천 방안을 살펴본다.

기술변화(디지털 전환)에 따른 기술 실업에 대한 책임

인공지능으로 대표되는 4차 산업혁명이 진행 중이며, 이는 인간의 삶과 노동에 지대한 영향을 미칠 것으로 보인다. 빅데이터를 탑재한 인공지능이 산업과 일자리에 막대한 영향을 미칠 것으로 예상되는 가운데, 무엇보다 마찰적 실업이 단기적으로 증가할 것으로 예상된다. 중간 정도의 숙련 일자리가 대폭 줄어드는 가운데 고숙련 노동력의 수요는 늘어나겠지만 이 과정에서 실업 증가 등 부작용도 클 것으로 보인다.

기술변화와 관련하여 일자리를 인위적으로 늘리거나 줄이는 것은 한계가 있기 때문에 시장의 상황에 맞추어 필요한 보완적인 정책을 병행하는 것이 차선책이 될 수 있다. 이와 관련하여 노동조합, 기업, 정부의 책임이 늘어날 것이다. 이에 대한 책임을 다하기 위해 ESG를 활용한 경력 개발, 전직 지원 등 다양한 과제를 모색해 볼 수 있다.

노사는 임금인상 등 노동조건을 논의하는 것도 중요하지만 경력 개발, 교육훈련 확대 등 역량을 높이는 upskilling에 더 많은 관심을 두고 교섭 의제로 삼아야 한다. 변화하는 노동시장에서는 개인의 역량이 중요하기 때문이다. 또한 기술 발전에 따라 기업은 정규직 일자리 대신 단기 시간제나 개인 도급(특수고용)을 활용할 수 있으므로 이를 최소화하기 위한 노력도 병행해야 한다. 시장 및 기술 상황에 따라 기존 인력을 줄일 수 있으므로 전직 지원 프로그램을 내실 있게 운용할 필요가 있다. 인력 감축이 예상되는 경우 미리 전직 지원 프로그램을 통해 새로운 일자리를 구할 수 있는 충분한 시간과 경력 개발을 지원해야 한다. 여기에는 상당한 재원이 필요하므로 노사가 함께 산업, 업종별로 전직지원기금 등을 조성하는 것도 고려해 볼 수 있다.

마찰적 실업 상황에서는 정부의 역할이 중요하다. 일자리 미스매치를 줄일 수 있는 직업 알선도 체계화해야 하고, 산업과 업종 차원으로 교육 프로그램을 강화해야 한다. 특히 중장년의 재취업이나 여성의 취업을 지원하기 위한 직업훈련 프로그램을 확대하고 이를 위한 예산을 마련해야 한다.

일자리 변화에 따른 노사정의 효과적인 대응을 위해 사회적 대화를 활용하는 것도 적극적으로 고려할 수 있는 전략이다.

고령화·저출생에 대한 책임

고령화와 저출생 등 인구 구조 변화에 대한 대응도 미룰 수 없는 과제가 되었다. 2024년 말 한국은 65세 이상 인구가 전체 인구의 20%를 넘는 초고령사회로 진입했다. 20년 전 한국인의 기대 수명은 66세에 불과했으나 지금은 84세로 크게 늘었다.

건강하게 더 오래 살 수 있는 것은 축복이지만 사회적으로 해결해야 할 과제가 적지 않다. 고령 인구를 부양하기 위한 돌봄 시스템이 만들어져야 하며, 의료비 등 사회적 비용도 함께 증가한다. 연금 등 사회안전망이 부족한 우리나라는 노인 빈곤도 사회적 현안이 되고 있다.

세계적으로 낮은 출생률도 두려움으로 다가오고 있다. 50년 후 한국의 인구는 지금의 절반 수준으로 낮아질 전망이다. 매년 조금씩 인구가 줄어들고 있는데 생산 가능 인구가 부족해 인력공급의 어려움은 해마다 가중될 것으로 예상된다. 이를 극복하기 위해 외국인 노동력의 활용을 확대해야 한다는 주장이지만 이 역시 근본적인 대책이 될 수는 없다.

지속 가능한 사회로 나아가기 위해서는 사회 전체적인 생산성을 유지할 수 있는 방법을 찾아야 한다. 외국인 노동력의 활용도 윤리적 문제와 연결되어 있어 ESG의 주된 과제이다.

고령화와 저출생에 대응하기 위한 노사의 핵심 논의 의제는 인력 활용이 될 수 있다. 건강하게 일할 수 있는 인구가 늘어남에 따라 정년 연장에 대한 심도 깊은 논의가 필요하다. 정년 연장에 따른 기업의 부담을 낮추되, 생산성을 유지할 수 있는 조치가 이루어져야 한다. 예를 들어 일손이 부족한 저임금 직종의 일자리는 현행 조건대로 정년을 65세로 연장하고, 고임금 직종의 일자리는 임금을 현행 80% 수준으로 낮추어 정년을 65세로 연장하는 방안을 고민해 볼 수 있다. 노사가 함께 여성 노동력 활용을 제고하는 방안도 찾아야 한다. 결혼과 출산 이후 경력이 단절된 여성 노동력의 효과적인 활용이 생산 인구 감소의 대안이 될 수 있기 때문에 차별을 줄이는 방향으로 여성 노동력의 활용 방안을 강구해야 한다.

고령화와 저출생 관련한 정부의 역할도 중요하다. 정년 연장을 지원하는 방안을 마련함과 동시에 여성의 노동시장 참여를 유도할 수 있는 지원 정책도 중소사업장을 대상으로 꾸준히 확대해야 한다. 정부의 가장 큰 역할이 제도를 설계하는 일이므로 임금공시제도를 도입하는 것도 고령, 여성 노동자의 노동시장 참여에 도움이 될 수 있다. 외국인 인력이 늘어남에 따라 외국인 노동자 정책도 체계화할 필요가 있다.

산업전환과 정의로운 전환 간 조화를 위한 책임

환경 보호와 기후위기에 대한 전 지구적 관심이 커졌고, 이로 인해 탄소 배출을 줄이기 위한 산업 전환이 불가피한 상황이다.

세계는 2015년 파리협약을 통해 탄소배출감축계획을 구체화했으며 유럽연합은 탄소국경세를 공식화했다.

대한민국은 탄소 배출 10위권의 나라로 파리협약 등에 따라 탄소 배출 감축을 공식화하면서 세계에 약속했다. 문제는 발전, 자동차, 건설 등의 영역에서 탄소 감축을 위한 산업 전환이 쉽지 않다는 점이다. 여러 이유 중 하나는 기업의 자발적인 전환 노력이 부족하며, 일자리 및 노동시장에 미치는 영향이 커서 노동자의 저항도 크기 때문이다. 특히 화력발전소 폐쇄와 같은 조치가 이루어지면 급격한 일자리 축소에 따라 실업과 지역 공동화를 가져올 수 있기 때문에 이에 대한 대책이 함께 마련되어야 한다는 주장이 다수이다.

EU는 산업 전환에 따른 희생을 최소화하기 위해 산업 전환과 정의로운 전환이 조화를 이루어야 한다고 강조한다. 정의로운 전환은 산업 전환에 따라 일자리를 잃는 노동자를 지원하거나 지역경제를 재활성화할 수 있는 정책을 의미하며, 이를 위해서는 상당한 재원이 필요하다.

산업 전환과 정의로운 전환 간의 조화를 위해 노사는 환경보호를 넘어 산업 전환에 따른 일자리 대책을 적극적으로 고민해야 한다. 산업 전환으로 인한 일자리 축소가 불가피하다면 새로운 사업을 추진하는 등 대체 산업을 통해 줄어든 일자리를 흡수할 수 있으며, 그렇지 않을 경우 새로운 일자리를 찾을 수 있도록 지원하는 방안을 마련해야 한다. 노사는 그린협약도 활용할 필요가 있다. 그린협약은 단체교섭 의제로 전통적인 노동조건에 관한 사항만이 아니라 환경 보호와 정의로운 전환에 관한 내용을 의미한다.

정부는 탄소중립과 지역 및 일자리 정책의 핵심 주체이므로 산업 전환 및 정의로운 전환에 대해 각별한 책임을 지닌다. 정부가 해야 할 역할 중 하나는 상당한 재원을 확보하는 것이다. 한국은 현재 약 2조 원 가량의 예산을 일반회계를 통해 확보한 상태인데, 일반 재정으로는 정의로운 전환에 필요한 예산을 감당하기 어려울 수 있다. 장기적으로 탄소세와 같은 방식으로 안정적인 기금을 만들어야 하는 이유이다.

노동시장 이중구조에 대한 책임

여러 차례 강조한 노동시장 이중구조는 대한민국의 가장 중요한 사회적 과제 중 하나이며 지속 가능한 사회를 위한 선결 과제이기도 하다. 노동시장 이중구조가 지속 가능성을 위협하는 이유는 차별적인 노동시장에서 저임금 직종에는 일할 사람을 찾기가 점점 더 어렵기 때문인데, 시간이 지날수록 인력 부족이 예상된다.

나아가 15% 규모의 양질의 일자리와 85%의 저임금·고용불안 일자리로는 사회를 발전적으로 이끌 수 있는 동력을 만들기 어려운 것도 노동시장 이중구조 문제를 가볍게 볼 수 없는 이유이다. 이러한 까닭에 노동시장 이중구조를 해결하기 위해 다양한 방법들이 모색되고 논의되었으나 실질적인 진전은 이루지 못했다.

노사는 기업 수준에서는 양질의 일자리를 창출하고 직원의 인권을 보호하며 국내외 노동기준을 준수함으로써 노동시장 내 차별을 줄일 수 있으며, 산업 차원으로는 초기업 교섭을 통해 노동 취약 계층을 보호하거나 원·하청 간 상생협력을 도모할 수 있으며 산업 수준의 직무 가치를 반영한 임금을 통해 소득 격차를 줄일 수도 있다.

정부는 노동시장 이중구조를 완화하기 위해 취약 노동자를 지원하고 영세 자영업자를 지원하는 방법을 찾아야 한다. 또한 정부가 앞장서서 공공부문에 최저 노동기준을 적용하는 것도 실천해 볼 수 있다.

국가 간 갈등에 대한 책임

최근 국제 상황은 세계화가 약화되고 있으며 글로컬라이제이션이 확대되는 추세이다. 자국 이익 우선주의가 미국, 중국 등 강대국을 중심으로 확산하고 있으며 이는 국가 간, 지역 간 경쟁체제 확산으로 이어지고 있다. 글로벌화의 반향으로 새로운 국면이 시작되면서 러시아-우크라이나, 이스라엘-이란 등 주요 지역에서 전쟁이 지속되고 있다.

노사정의 ESG 프로그램이 전쟁을 막을 수는 없을지라도 전쟁 중단을 요구하는 활동이나 전쟁으로 인한 시민들의 피해를 줄일 수는 있다. 전쟁 억제, 전쟁으로 인한 희생자 지원 등 다양한 사회적 과제를 ESG를 통해 노사가 함께 실천하며 해결할 수 있는 방안을 고민할 수 있다.

이상의 논의를 재구성하여 ESG 각 의제별로 기업 수준, 산별 수준, 국가 수준별로 노사 및 정부의 과제를 정리할 수 있다. <표 11-1>은 기업 수준에서 ESG 의제별 노사의 과제를 정리한 것이다. 예를 들어 인구구조 변화에 대응하기 위해 기업 수준에서는 여성의 노동력 및 워라밸을 존중하는 정책에 대한 협의를 할 수 있다.

표 11-1. 기업 수준 노사의 ESG 실천 과제

	ESG 의제	노사 과제
기업 수준	기술변화	• 경력 개발과 교육훈련(upskilling), 시간제 및 개인도급 최소화
	인구구조 변화	• 워라벨 지원, 고령·여성노동 등 다양성 존중
	산업전환	• 단체교섭 의제로 환경보호 및 정의로운 전환 협의
	노동시장 이중구조	• 원·하청 동반성장 및 상생협력

산별 수준에서 노사 및 정부가 모두 관련된 과제를 가지고 있다. <표 11-2>는 각각의 ESG 의제별 노사의 과제와 정부의 과제를 정리한 것이다. 노사는 산별 수준에서 기술변화에 대응하기 위해 일자리 유지를 위한 협약을 체결할 수 있으며, 정부는 기존 직업훈련 프로그램을 확대할 수 있다.

표 11-2. 산별 수준 노사 및 정부의 ESG 실천 과제

	ESG 의제	노사 과제	정부 과제
지역, 업종, 산업 수준	기술변화	• 일자리 유지를 위한 산별 협약 체결	• 직업훈련 프로그램 확대
	인구구조 변화	• 고령 및 여성 일자리 개발	• 산업별 외국인 노동자 정책 체계화
	산업전환	• 산업별 전환기금 조성	• 산업, 지역별 정의로운 전환 지원 체계 구축
	노동시장 이중구조	• 초기업 교섭 활성화	• 노동관계법 확대 적용 등

<표 11-3>은 국가 수준에서 정부의 ESG 의제별 실천 과제를 정리한 것으로 고숙련 인력 양성, 정년 연장 및 돌봄 정책 체계화, 동일노동 동일임금 등 정책 과제를 제시했다.

표 11-3. 국가 수준 정부의 ESG 실천 과제

	ESG 의제	정부 과제
국가 수준	기술변화	• 고숙련 인력 양성을 위한 대책 마련
	인구구조 변화	• 정년 연장 구체화 및 돌봄 노동 정책 체계화
	산업전환	• 정의로운 전환을 위한 탄소중립위원회 활성화
	노동시장 이중구조	• 동일노동 동일임금 명문화

노사정 사회적 대화를 통한 ESG 실천

기업 수준과 달리 산업과 국가 수준에서의 ESG 논의는 노사정 간 사회적 대화를 통해 시도해 볼 수 있다. 아직 ESG와 관련하여 노사정 사회적 대화가 이루어지지 않았으나 기술변화, 인구구조 변화, 노동시장 이중구조 등의 사안은 기업을 넘어 산업과 국가 수준에서 다루어야 할 과제이다. 우리나라의 사회적 대화는 경제사회노동위원회와 같은 정부 중심의 사회적 대화 기구나 국회 또는 산업·지역별 사회적 대화가 가능하므로 이를 통해 ESG 지속 가능성 의제들을 논의하는 방안을 적극 논의할 필요가 있다.

ESG 활성화를 위한 시민사회단체(NGOs, NPOs) 역할

노사정만이 아니라 비정부기관이나 비영리기관의 기업 감시 및 노조의 사회적 역할을 촉구하는 활동도 ESG를 통한 점진적인 사회변화에 중요하다. 전통적으로 환경, 노동 분야의 시민사회단체들은 기업의 사회적 책임을 촉구하고, 사회적 책임의 실천을 위한 압력단체 역할을 해 왔다. 시민사회단체들은 기업의 ESG 활동을 모니터링하여 무책임한 활동에 대해 비판해 왔으며, 책임 있는 활동에 대해서는 평가를 통해 우수 사례로 공표해 왔다. 시민사회단체의 ESG 모니터링이 신뢰를 받고 영향력 있는 의견그룹으로 인정받기 위해서는 객관적인 모니터링과 투명한 평가가 중요하며 이를 위한 내부 교육훈련 프로그램을 지속적으로 발굴해야 한다.

노동과 ESG - 노사가 함께하는 ESG

2025년 02월 3일 | 제1판 1쇄 인쇄
2025년 2월 10일 | 제1판 1쇄 발행

지 은 이 김영기, 정흥준, 오학수, 김현식, 이호동
발 행 인 이민동
발 행 처 (주)서울경제경영출판사
표지디자인 이윤아
북 디 자 인 에이팩토리

주 소 03767 서울특별시 서대문구 신촌로 205, 201호
전 화 02) 313-2682
팩 스 02) 313-8860
등 록 1998년 1월 12일 제5-63호

ISBN 979-11-6282-134-3
정가 25,000원